RÉAMHRÁ *ar*
OIDREACHT
AILTIREACHTA

# CHONTÆ NA MÍ

*An Roinn Comhshaoil*
*& Rialtais Áitiúil*

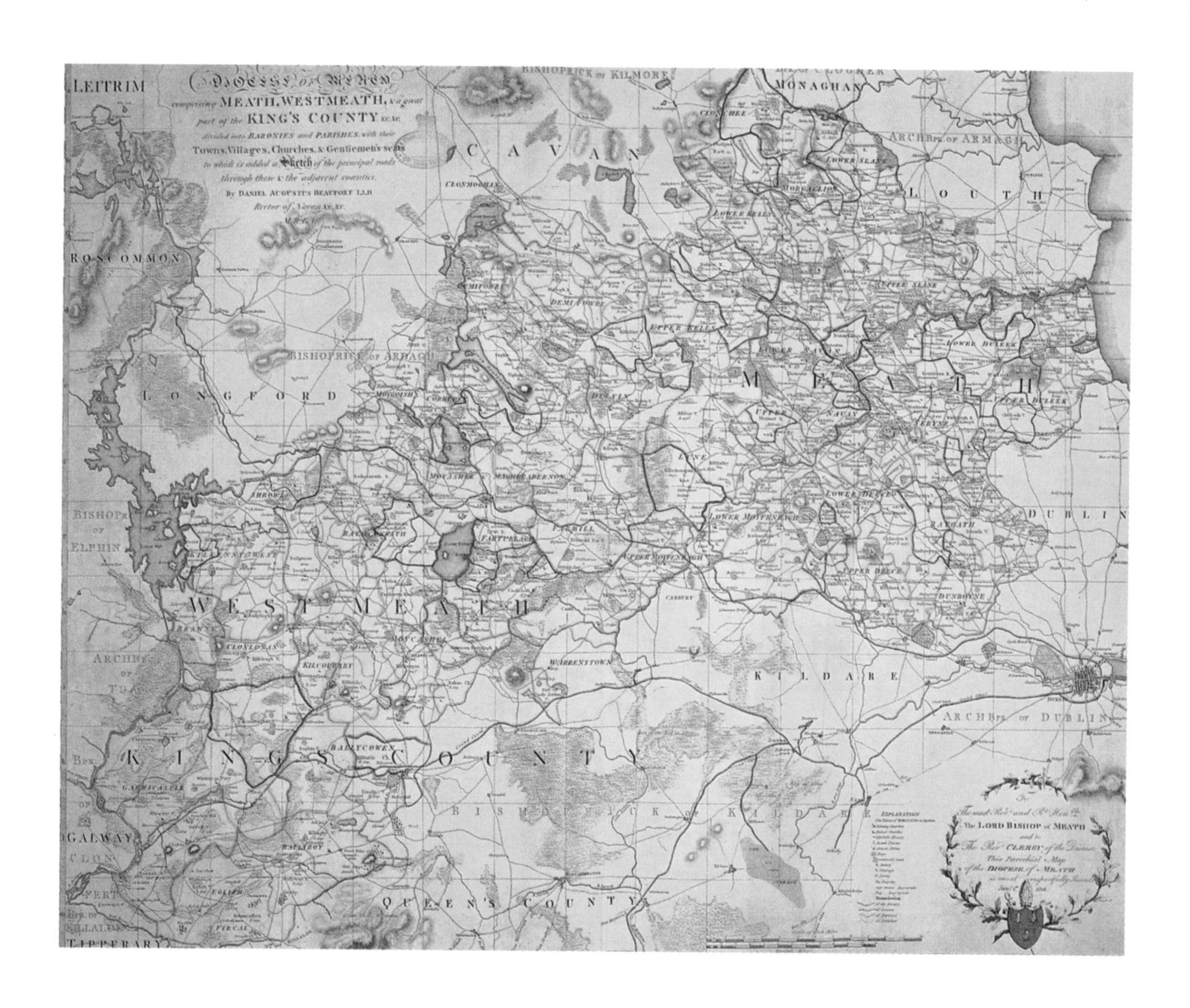
comprising MEATH, WESTMEATH, & a great
part of the KING'S COUNTY &c. &c.
divided into BARONIES and PARISHES, with their
Towns, Villages, Churches, & Gentlemen's seats
through these & the adjacent counties.
By DANIEL AUGUSTUS BEAUFORT LL.D
LEITRIM
BISHOPRICK OF KILMORE
MONAGHAN
CAVAN
ARCHBP. OF ARMAGH
LOUTH
CLONMOGHAN
ROSCOMMON
LOWER SLANE
UPPER SLANE
LOWER KELLS
UPPER KELLS
DEMI FOWRE
BISHOPRICK OF ARDAGH
LONGFORD
MEATH
LOWER DULEEK
UPPER DULEEK
UPPER NAVAN
LOWER NAVAN
MOYASHEL
MAGHERADERNON
LUNE
LOWER DEECE
UPPER DEECE
LOWER MOYFENRAGH
UPPER MOYFENRAGH
DUBLIN
RATOATH
DUNBOYNE
BISHOPRICK OF ELPHIN
WEST MEATH
FARTULLAGH
FARBILL
CARBURY
CLONLONAN
KILCOURSEY
WARRENSTOWN
KILDARE
ARCHBP. OF DUBLIN
KINGS COUNTY
BALLYCOWEN
GARRYCASTLE
BALLYBOY
GALWAY
BISHOPRICK OF KILDARE
QUEEN'S COUNTY
TIPPERARY
The LORD BISHOP OF MEATH
This Parochial Map
of the DIOCESE of MEATH

# Réamhrá

Tá an oidhreacht thógtha le fáil go flúirseach i gContæ na Mí atá suite i gcúige lárnach na hÉireann, Cúige Laighean. Tharla eacthraí drámata thar na céadta bliain sa Mhí, láthair an tionóil mar a dheintí Ard-Ríthe na hÉireann a chorónú tráth: Cath na Bóinne, An Gorta Mór agus an rabhartha eisimirce a lean é. Ar chéad bealach, is cosúil iad foirgnimh agus struchtúir an chontæ le cosloirg atá fágtha ag an am thart ar an dtaobh tíre. Cuireann léirthuiscint orthu siúd ar chumas an duine rianta sóisialta, polaitiúla agus stairiúla an cheantair a leanúint. Ainneoin go bhfuil clú na dea-ailtireachta agus na tábhachta amuigh ar shaghasanna áirithe foirgneamh, go háirithe séipéil agus tithe móra tuaithe, fós is minic gur ins na struchtúir neamhphostúla is fearr atá saol, scéal agus cultúr an chontæ le léamh.

Tá Suirbhé Sealadach FNOA Chontæ na Mí ar cheann amháin de shraith atá á sholáthar ag an bhFardal Náisiúnta Oidhreachta Ailtireachta (FNOA) agus tríd is tríd leanann sé an fhormáid chéanna atá i bhfardail na gContætha Cill Dara agus Deisceart Átha Cliath. Is tionscnamh stáit é FNOA atá á riaradh ag Dúchas The Heritage Service atá ina chuid den Roinn Comhshaoil agus Rialtais Áitiúil. Is í cuspóir FNOA meas ar an oidhreacht ailtireachta a chothú agus cuidiú lena cosaint trín oidhreacht thógtha a chlárú de réir chórais ar bhonn náisiúnta.

Tá sí mar aidhm ag an Réamhrá seo le hOidhreacht Ailtireachta Chontæ na Mí ná rogha ionadaíoch struchtúr sa Mhí a chur chun suntais, agus eolas a chur ar oidhreacht thógtha an chontæ ina iomláine. Leanann an Réamhrá líne cróineolaíoch tríd is tríd agus tugann sé struchtúir ó choimpléasc réamhstairiúil Bhrú na Bóinne aníos go dtí foirgnimh an læ inniu, amhail oifigí cathartha Dhún Seachlainn, a ghnóthaigh gradam, chun suntais.

Tá CD-ROM (Dlúthdhioscaí inléite do-athraithe) Shuirbhé Chontæ FNOA le fáil leis an Réamhrá. Tá faisnéis faoin suirbhé le fáil sna CD-ROM seo agus is féidir tuairiscí agus íomhánna coibhéiseacha a iniúchadh iontu. Clúdaíonn an obair sheachtrach a chuir an FNOA i gcrích sa samhradh 2002 amuigh is istigh ar aon chéad déag láithreán, struchtúr, nó grúpaí struchtúr. Ní mór a choinneáil i gcuimhne nach bhfuil ceachtar den suirbhé nó den Réamhrá iomlán cuimsitheach: níl iontu ach sampla de na struchtúir atá le fáil sa chontæ agus a tógadh i ndiaidh 1700. Níl foirgnimh áirithe a bhfuil iomrá orthu cheana féin mar Chaisleán Shláine, Stigh Colláin, agus Baile Aindéil, le fáil sa tsuirbhé seo. Ag an gcuma chéanna, tá roinnt láithreán le fáil san Réamhrá ar chúiseanna a bhaineann le cúlra agus comhthéacs, nach bhfuil iniúchadh déanta orthu ag an FNOA. Tá príomhbhaile na Mí, An Uaimh, fágtha as an suirbhé toisc go bhfuil sé cláraithe cheana féin i suirbhé ar leith, Suirbhé Bhaile na hUaimhe, atá le foilsiú i 2003. Mar sin féin, déantar tagairt sa téacs de lámhdhéantúsáin speisialta san Uaimh. Tá súil go spreagfaidh an chéad shuirbhé seo tuiscint agus meas ar shaibhreas an oidhreacht ailtireachta sa chontæ ina iomláine.

PARÓISTÍ AGUS BARÚNTACHTAÍ NA MÍ, NA hIARMHÍ AGUS CHONTÆ AN RÍ (1816)

*Le caoinchead Leabharlann Náisiúnta na hÉireann.*

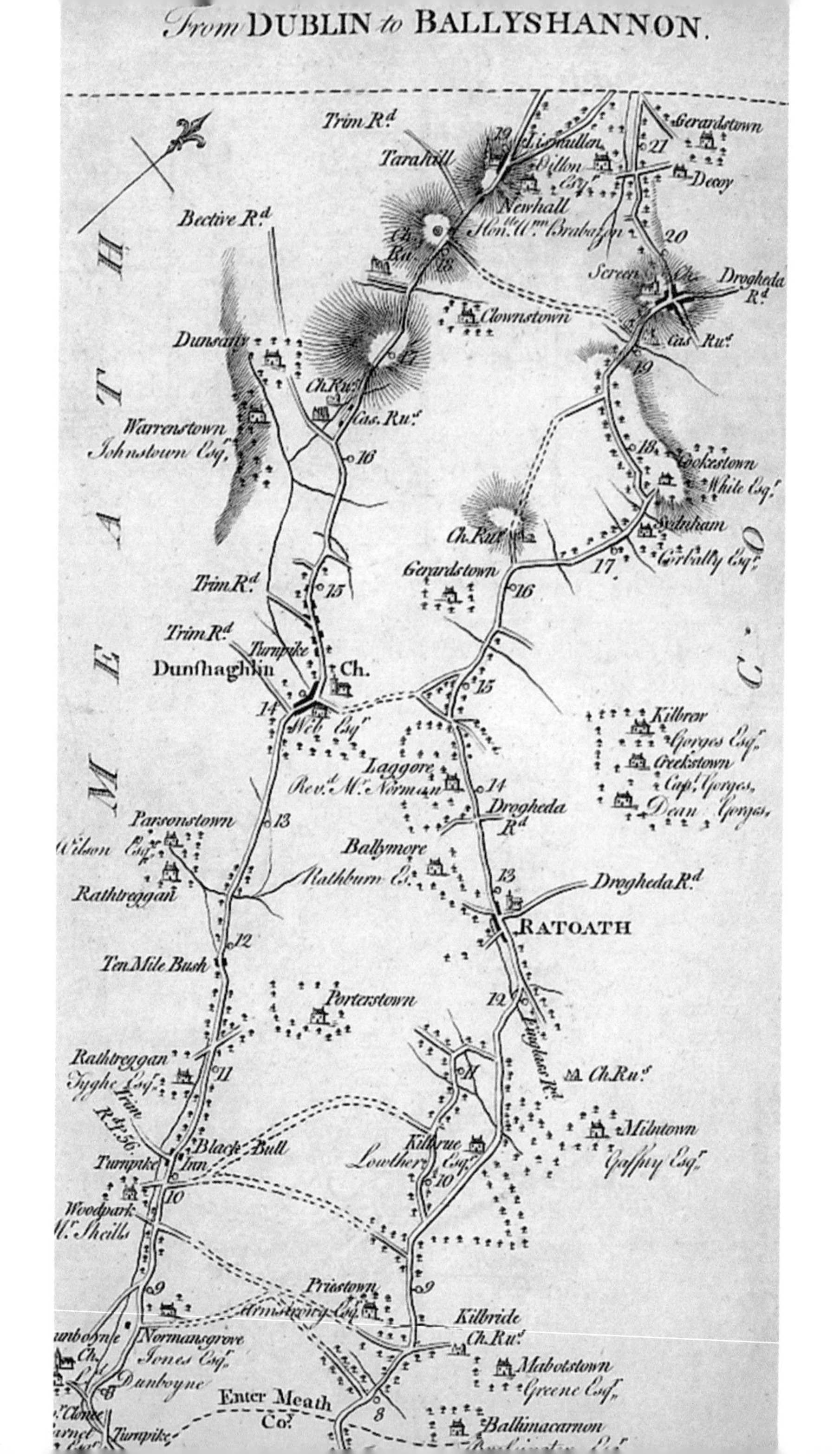


**Ó BHAILE ÁTHA CLIATH GO BÉAL ÁTHA SEANAIGH**

Léiríonn léarscáil bhóithre Taylor agus Skinner ón ochtú céad déag bealach ó Bhaile Átha Cliath go Béal Átha Seanaigh trí Chontæ na Mí. Sainithnítear gnéithe topagrafaíochta, chomh maith le lonnaíochtaí baile, sráidbhailte agus suíocháin chontæ. Tabhair faoi deara ainmneacha úinéirí na dtithe *Taylor and Skinner's Maps of the Roads of Ireland* le George Skinner agus Andrew Taylor (deineadh an tsuirbhéireacht i 1777 agus tá sé ceartaithe aníos go dtí an Dara Eagrán i 1783. Foilsithe ar dtús i 1778).

*Le caoinchead Leabharlann Náisiúnta na hÉireann.*

## Léargas

Airítear an talamh shaibhir agus thorthúil mar shaintréith na Mí, le páirceanna atá teorannaithe ag fálta sceach agus cabraigh. Talamh mhín féaraigh is mó atá le sonrú sa taobh tíre, le líon beag cnoc atá tábhachtach ó thaobh na staire de. Ón ré Neoiliteach i leith tá feirmeoirí á mealladh chuig an contæ i ngeall ar oiriúnacht na hithreach don talmhaíocht. Mhúnlaigh an talamhaíocht an taobh tíre thar na céadta bliain, de réir mar a leag feirmeoirí foraoiseacha le páirceanna a chruthú, mar a thóg siad tithe agus crónna agus de réir mar a leag siad gairdíní amach.

Ó thaobh na geolaíochta de, tá an Mhí suite ar mhachaire lárnach aolchloiche na hÉireann. Tá sé éasca aolchloch, lena hiliomad miondifríochtaí datha agus comhdhéanaimh, a ghearradh ina mbloic eisléire, agus úsáidtear go forleathan í i dtógáil foirgneamh ar fud an chontæ. Dorchaíonn an chloch gheal-liath ó chairéal Ard Breacáin, mar shampla, le himeacht aimsire. De réir dealraimh is fearr atá eolas ar an gcloch seo i ngeall ar an úsáid a baineadh aisti in athógáil an chobair ar Theach an Chustaim i mBaile Átha Cliath tar éis dó bheith scriosta i gCogadh na Saoirse. Faightear gaineamhchloch, a úsáidtear go minic nuair a bhíonn mionsonraí snoite de dhíth, i gceantar na Bóinne idir an Uaimh agus an cósta.

Is í teorainn na Mí san oirthear ná stiall chósta atá críochaithe ag dhá abhainn, An Bhóinn agus an An Ailbhine, a sníonn chun na farraige ag Droichead Átha agus ag Cnoc na gCeann in aice le Baile Mhic Ghormáin faoi seach. Ar na haibhneacha eile tá an Abhainn Mhór agus a foaibhneacha, agus An Ainí a shníonn chun na farraige ag An Inse. Tugann an haibhneacha seo teacht ar chroí an chontæ agus bhí go leor de na luatháitribh ón ré Neoiliteach go dtí an mheánaois suite feadh a mbruacha.

Is cuid dílis iad foirgnimh na Mí de thaobh tíre an chontæ le fada ó dhaingean go teachín ceann tuí. Tá roinnt de na láithreáin réamhstairiúla is mó tábhacht in Iarthar na hEorpa le fáil anseo, a thugann le fios gur mhair daoine deaeagraithe, áitrithe ann na mílte bliain ó shin. Seasann na mórthuamaí pasáiste Neoiliteacha ag Sliabh na Caillaigh, a bhfuil eolas níos coitianta air mar Loch Craobh ***(f. 1)***, agus ag Brú na Bóinne, amach mar thinte rabhaidh sa taobh

*(f. 1)*
**REILIG THUAMA PASÁISTE SHLIABH NA CAILLAIGH**
**Loch Craobh**

Tá an reilig thuama pasáiste suite ar dhá chnoc teorantach, An Carn Bán Thoir agus An Carn Bán Thiar.

*Le caoinchead Dúchas The Heritage Service.*

**TUAMA PASÁISTE BHRÚ NA BÓINNE**

Is sampla dearscnaitheach é an chloch iontrála ag Brú na Bóinne den ealaíon rí-mhaisiúil Meigiliotach atá le fáil i nGleann na Bóinne.

*Le caoinchead Dúchas The Heritage Service.*

tíre agus meabhraíonn siad ceannas na treibhe ar a timpeallacht, fad is tugann Teamhair *(f. 2)*, suíochán siombalach Ard-Ríthe na hÉireann agus Cnoc Shláine in aice láimhe, le cuimhne teacht na Criostaíochta go hÉirinn. Tá an contæ breac le láithreáin agus fothraigh ón mheánaois chomh maith; meabhraíonn na comhluadair mhanachúla sa Cheanannas agus sa chaisleán ón gcuid dheireanach den dara céad déag ag Baile Átha Troim an tábhacht a bhain leis an réigiún seo i stair na hÉireann.

Le himeacht na gcéadta bliain, rinne a lán tiarnaí áitiúla talún bailte agus sráidbhailte a phleanáil mar aonaid chuimsitheacha, ina measc, Baile Shláine agus Maigh nEalta. Bhronn an phleanáil seo brí agus comhleanúnachas ar an leagan amach agus ar na foirgnimh araon. Sna ceantair tuaithe, aithnítear stair fhada fheirmeoireacht na Mí sna tithe tuaithe, sna tithe feirme, sna crónna agus stáblaí iomadúla atá scaipthe trasna an taobh tíre. Le blianta beaga anuas tá na bóithre náisiúnta a thrasnaíonn an Mhí á thachtadh ag an trácht atá ag dul i méad go mór. Gné nua is ea na suanbhailte i ndeisceart an chontæ a dhéanann freastal ar Bhaile Átha Cliath, atá láimh leis. Beireann an méadú tógála a luaitear leis an borradh tobann seo dainséir agus dea-fhéidearachtaí araon leis.

*(f. 2)*
**TEAMHAIR**

Tá fairsinge an chlóis mhóir ag Ráth na Ríogh agus na n-oibreacha cré eile le feiceáil go soiléir ón spéir.

*Le caoinchead Dúchas The Heritage Service.*

# Roimh 1700

Is iad na láithreáin eaglasta agus mhanachúla de chuid na luathmheánaoiseanna croí roinnt de na bailte agus na sráidbhailte sa chontæ. Meabhraíonn an patrún lúbtha sráide sa Cheanannas an clós manachúil ciorclach de chuid an naoú céad a bhfuil sé tógtha timpeall air. Seasann an cloigtheach fós, a bhfuil a dhíon coirceogach in easnamh air, laistigh den láithreán. Tugtar Teach Naomh Colmcille ar an aireagal ón naoú céad atá in aice leis, lena dhíon rite cloiche. Seasann trí crosa arda i reilig Naomh Colm agus athlonnaíodh an ceathrú ceann breá, Cros an Mhargaidh, go dtí an seanteach cúirte le déanaí. Faightear luathláithreáin mheánaoiseacha eile ag Domhnach Mór, lena chloigtheach ón dara aois déag, agus ag Baile Átha Troim agus Baile Shláine, san áit go bhfuil an taobh tíre ag Dámhliag, Crosa Caoil agus Baile Lóibín breac le crosa arda. Tharla athruithe móra ar dhearadh agus eagrú na mainistreach seo le teacht na gCistéirseach san dara céad déag. Is sampla maith é Mainistir Bective (1147) ***(f. 3)*** de shuíomh tréadach na bhfondúrachtaí seo. Athchóiríodh An Mhainistir go bunúsach mar Theach Túdarach i ndiaidh Díscor na Mainisteach i 1535.

Bhunaigh Hugh de Lacy (b. 1186) Caisleán Bhaile Átha Troim sa cheathrú deireanach den dara céad déag, le feidhmíu mar cheanncheathrú cumhachta dó i dTiarnas na Mí ***(f. 4–5)***. Tógadh é chun áit a iarchaisleán fáinneach cré agus adhmaid, a ghlacadh: scriosadh é sin sa gheimhreadh 1172 i dtreo is nach dtógfadh na

*(f. 3)*
**MAINISTIR BECTIVE**

Taisí na Mainistreach Cistéirsí atá suite ar bhruach Abhainn na Bóinne agus léirithe in *Antiquities* le Dainiel Grose. Ar éigean go bhfuil an radharc seo leis an droichead agus na teachíní athruithe sa lá atá inniu ann.

*Le caoinchead Dúchas The Heritage Service.*

*(f. 4)*
**CAISLEÁN BHAILE ÁTHA TROIM**

Líníocht de Gheata Bhaile Átha Troim leis an ársaitheoir George Petrie c. 1815.

*(f. 5)*
**CAISLEÁN BHAILE ÁTHA TROIM**

Líníocht de Gheata Bhaile Átha Troim le Du Noyer agus an dáta 1859 air le balla binne an tí margaidh agus an claonsiúntán margaidh ar gcúl.

*Le caoinchead Chumann Ríoga Ársaitheoirí na hÉireann.*

Gæil, a bhí ag gluaiseacht chun tosaigh, é. Tá suíomh maorga, siombalach aige ar thalamh ard os cionn na Bóinne, agus tá sé timpeallaithe ag bratbhalla mór atá poncaithe le túir. Thángthas ar iarsmaí cuan féin an chaisleáin ar an abhainn le linn tochailte ar na mallaibh. Cé go bhfuil na mórchaisleáin bharúnacha ag Baile An Dairdisigh, An Cillín agus Dún Samhnaí níos lú, fós is díol suntais iad.

Tógadh tithe iomadúla túir ó thús an chúigiú céad déag i leith, a raibh cosaint le fáil ag roinnt acu ag balla fáil nó bábhún. Is sampla maith é Caisleán Dhún Uabhair in aice le Baile Íomhair, le tri-urlár, seomra amháin in aghaidh an urláir agus staighre bíseach i dtúr starrógach.

Tháinig líon luathdhroichead cloiche na Mí slán agus tá cuid acu siúd, amhail droichead Bhaile Átha Troim (1350), fós in úsáid. Tá Droichead Babe ag Domhnach Mór ann ón tréimhse réamh-1216, agus is é a stua tacaithe an stua droichid atá dearbhaithe is ársa in Éirinn. Thug spiaire tuairisc i 1599 go raibh Aodh Ó'Neill chun Droichead Chill an Chairn a thrasnú san ionradh ar an Pháil a bhí beartaithe aige. Fágadh an droichead, atá suite lasmuigh den Uaimh, díomhaoin i 1977 nuair a tógadh droichead coincréite ina áit.

Bhuanaigh Plandálacha Cromwell i lár an tseachtú céad déag, agus Cath na Bóinne i 1690 a lean é, an riail Phrotastúnach in Éirinn. Gabhadh seilbh ar eastáit na gCaitliceach Rómhánach agus bronnadh iad ar choilínigh nua. De réir tuairisce, i 1649 thóg Cromwell Teach Bhaile na mBiatach (t. 1630) ***(f. 6)*** ó chlann Betagh, a thug a n-ainm ar bhaile agus ar bhaile fearainn Baile na mBiatach. Tháinig Diméin Cheanannais i seilbh na claine Taylor ó Sussex, agus Sláine i seilbh na clainne Conyngham ó Dhún na nGall, mar chuid den chlaochlú seo. Athraíodh ó fhoirgnimh dhaingnithe go tithe saorsheasta don chéad uair i ndiaidh athchur an Rí Séarlas 11 i gcoróin i 1660, agus leanadh leis an athrú go dúthrachtach sa tréimhse réasúnta shíochánta a mhair i ndiaidh 1690. Léiríonn Caisleán Fhionnúir, in aice le Sláine, a tógadh go deireanach san seachtú céad déag agus atá anois ina fhothrach, an tionchar a bhí ag an gcaisleáin agus an teach túir i suiteáil

*(f. 6)*
**TEACH BHAILE NA mBIATACH**
**Na Bealaigh Caola, Baile na mBiatach**

Tá an seanteach mainéir seo ann ó c. 1630 agus b'é an chlann Betagh a thóg é, de réir tuairisce, a bhfuil an baile agus baile fearainn Bhaile na mBiatach ainmnithe ina ndiaidh. Athmhúnlaíodh agus cuireadh leis an teach de phlean L san ochtú agus san naoú céad déag.

*(f. 7)*
**TUAMA LUCAS DILLON**
**Séipéal Paróiste, Bailenua Átha Troim (1586)**

Léiríonn an séad-chomhartha greanta aolchloiche seo, atá suite laistigh de chlós Ardeaglais Naomh Peadar agus Pól, samhailtí sínte Sir Lucas Dillon agus a bhean chéile, Jane Bathe.

*Le caoinchead Dúchas The Heritage Service.*

an staighre ag cúl an fhoirgnimh, gné a lean ar feadh i bhfad isteach san ochtú céad déag. Tríd is tríd, níor tháinig na mionsonraí maisithe ar na foirgnimh seo, slán; úsaideadh móitífeanna Clasaiceacha agus Athbheochana ar phíosaí níos lú, mar thuamaí, sar a cuireadh iad le foirgnimh. Ag Bailenua Bhaile Átha Troim, mar shampla, ar thuama (1586) Sir Lucas Dillon faightear armais i gcartúis ar a thaobhanna, iad suite idir philéir mhéiríneacha Chlasaiceacha balla ***(f. 7)***. Sampla eile a tháinig slán is ea an colbha dorais Túdarach ón seachtú céad déag le taibhléadan atá tacaithe ag colúin Iónacha agus corónaithe le hornáid scrolla ***(f. 8, 9, 10)***. Tá sé in athúsáid ag an ngairdín faoi bhallaí ag Loch Craobh, agus is é an t-aon iarsma den bhunteach ón seachtú céad déag, atá fos le feiceáil.

*(f. 8)*
**DIMÉIN LOCH CRAOBH**

Faightear in iarsmaí an ghairdín fhoirmiúil ag Teach Loch Craobh (c. 1840) cainéil mhaisithe uisce agus linnte, struchtúr baoise tuaithe, agus tithe coibhneasacha amuigh. Is cuid de ghrúpa struchtúr diméine é an gairdín, a bhfuil colúnáid lónach, eaglais agus reilig, stáblaí, lóistí geata agus tithe a tógadh do na hoibrithe eastáit san áireamh ann. Is cuid den ghairdín faoi bhallaí fráma dorais an tí ón seachtú céad déag.

*(f. 9)*
**DIMÉIN LOCH CRAOBH**

Sonra den fráma dorais i dTeach Loch Craobh atá ann ón seachtú céad déag.

*(f. 10)*
**DIMÉIN LOCH CRAOBH**

Sonra den timpeall maisithe iarainn teilgthe.

# An tOchtú hAois Déag

D'fhógair na 1700aidí céad réasúnta síochánta in Éirinn aníos to dtí ÉirÍ Amach 1798. Cé gur Caitlicigh Rómhánacha iad ceithre chúigiú den daonra, ba leo níos lú ná an t-ochtú cuid den talamh faoi 1800. Bhí an bhochtaineacht forleathan i measc na hísealaicme. Ba é polasaí na Breataine -bac a chur ar thrádáil — a d'fhág pobal na hÉireann spleách ar an talamhaíocht lena bheatha a shaothrú. Bhronn an polasaí seo an-chuid cumhachta ar úinéirí na talún. Ar éigean go raibh cosúlacht ar bith ag na tiarnaí seo lena dtionóntaí Éireannacha ó thaobh an chreidimh, aicme agus teanga de. Chuaigh an taistealaí Sasanach Arthur Young, a shiúil ar fud na hÉireann sna 1770aidí chomh fada leis an uasalaicme a dhíspeagadh mar 'dhream leisciúil, baoth, neamhairdeallach, failíoch agus prioslach'. Thóg siad tithe breátha cónaithe dóibh féin ar a dtalamh nuafhaighte, lena stádas féin a dhaingniú agus a rian ar an dtaobh tíre a fhágáil. Thaispeáin na tithe seo, chomh maith leis na gairdíní agus na feirmeacha a tháinig leo, saibhreas agus cumhacht na dtiarnaí. Chuir an uasalaicme seo leis an tógáil agus leis an phleanáil baile a rinne tréimhse chomh torthúil sin i stair ailtireacht na hÉireann den ochtú céad déag.

*(f. 11)*
**TEACH STIGH COLLÁIN**
**Stigh Colláin**
**(c. 1710–1712)**

Baineann Teach Stigh Cholláin leis an cineál ailtireachta sin atá i Sasana ó lar an tseachtú céad déag agus is léir go raibh tionchar ag an stíl Chlasaiceach agus ag stíl thuaisceart na hEorpa air.Tá cuma ciúbach air agus is dócha go bhfuil teach níos luaithe ina chuid de; tá an teach fillte mórthimpeall ar cheithre thaobh le lárphíosaí peidiméide ar na héadain ó dheas agus thoir.

*Le caoinchead Carmel agus Martin Naughton.*

**HALLA ÁIRSE**
**Baile Uilcín**
(1720–1740)

Leanann an teach mór luath-Sheoirseach seo buan, ach mar fhothrach amháin sa tírdhreach. Luaitear ainm an Ridire Sir Edward Lovett Pearce leis an dearadh.

*Le caoinchead Chartlann Ailtireachta na hÉireann.*

Ní nach ionadh, d'fhéach na tiarnaí talún chuig Sasana le haghaidh eiseamláirí agus ba chomhartha measa é 'Ar nós an tSasanaigh' a ghreamú le foirgneamh. De réir dealraimh b'é an téarma seo, nuair a úsaidtí é i gcomhthéacsanna difriúla, an slat tomhais lena ndeintí nithe a mheas. I gcás na tógála, chuir sé in iúl an cineál tithíochta a bhí faiseanta i Sasana ag an am sin. Ó 1720 i leith, bhi dearraí le hailitirí Albanacha agus Sasanacha ar fáil in Éirinn, agus bhí teacht ar bhreis leabhar ailtireachta in aghaidh na bliana. Cé go mb'fhéidir go raibh tionchar ag foirgnimh Fhrancacha agus Ollannacha ón seachtú céad déag ar dhíon gabhail éadain Stigh Colláin (c. 1710–12) fós baineann sé go mór le stíl na n-ailtirí Sasanacha le linn an Athchur i gCoróin ***(f. 11)***. Tá Stigh Colláin ar cheann den bheagán teach Clasaiceach ón gcuid tosaigh den chéad a tháinig slán. Tá cuma ciúbach air, agus de réir dealraimh déanann sé comhchuid le teach a bhí ann roimhe, is fáisceann sé mórthimpeall ar cheithre thaobh le lárphíosaí peidiméide ar na héadain ó dheas agus thoir. Tá an bunurlár agus an chéad urlár ar chomh-airde, stíl a amharcann siar go saothar an ailtire Sir Roger Pratt (1620–85) ag Coleshill, Oxfordshire (c. 1650, a dódh go talamh 1952) i Sasana. Tá cosúlacht ag Stigh Colláin chomh maith lena theach comhaimseartha, Teach Beaulieu, Contæ Lú (1710–20); roinneann siad díonta sainiúla agus an siméadracht Chlasaiceach lena chéile.

*(f. 12)*
**CNOC AN LÍNSIGH**
(c. 1730)

Bhi Teach Chnoc an Línsigh ar cheann de na tithe ba mhó agus ba thábhachtaí in Éirinn le linn an ochtú céad déag. Thosaigh Pearce é agus chuir Richard Castle críoch leis. Léiríonn an líníocht seo, atá ann ó 1851, an bealach iontrála.

*Le caoinchead Leabharlann Náisiúnta na hÉireann.*

*(f. 13)*
**TEACH ARD BREACÁIN**
**Halla Iontrála**
(1730–1780)

Luaitear James Wyatt leis an saothar pláistéireacha atá srianta agus nua-Chlasaiceach sa halla iontrála ag Teach Ard Breacáin. Téann an seomra caol seo, faoi shíleáil le boghtáil chruinne agus le painéal éadomhain heicseagánach báite inti, isteach ins an príomh-halla nó salún.

Bhí áit cheannasach ag Edward Lovett Pearce (c. 1699–1733) agus i ndiaidh a bháis, ag a línitheoir Richard Castle (c. 1690–1751) ar an ailtireacht in Éirinn suas go dtí agus i ndiaidh tréimhse James Gandon (1743–1823), go háirithe san ailtireacht tí. Bhí cúlra Gælach agus Sasanach araon ag Pearce. Phós a athair Sasanach a mháthair Éireannach, Frances Lovett, go déanach sna 1680aidí in eaglais Naomh Michan, Baile Átha Cliath. Tar éis dó an Mór-Thuras éigeantach a dhéanamh, bhuanaigh Pearce é féin in mBaile Átha Cliath i lár na 1720aidí agus thug sé an stíl nua-Phallaidióch go hÉirinn; stíl Chlasaiceach a tháing faoi anáil ailtireacht agus theoiricí an ailtire Iodáiligh, Andrea Palladio (1508–80). Spreag pleananna vile Palladio plean Pearce do Chnoc an Línsigh i 1730 ***(f. 12)***, mar a bhfuil lárbhloc ceangailte le fo-sciatháin ag naisc dhíreacha nó chuaracha. Dódh Cnoc an Línsigh go talamh i 1922 agus leagadh é ina iomlán sna 1950aidí. Baineann Teach Ard Breacáin (1776) san Uaimh, sean-suíochán Easpag na Mí, leis an traidisiún seo ***(f. 13, 14, 15)***. Tá an bloc lárnach nasctha le dhá sciathán ag ballaí cuaracha ina bhfuil nideoga. Tá na cistiní suite i sciathán amháin agus na stáblaí i sciathán eile. Dhearaigh Richard Castle na sciatháin agus na ballaí ceathramháin 1734, ach d'imigh dhá bhliain is dhá scór thart sar a tógadh an teach. Ba é an t-ailtire Sasanach James Wyatt (1746–1813) a rinne pleannana tosaigh an tí cé gur leasaigh Thomas Cooley (c. 1740–84) agus an t-Urramach Daniel Augustus Beaufort (1739–1821), an reachtaire áitiúil eaglasta agus ailtire amaitéarach, iad ar ball.

*(f. 14)*
**TEACH ARD BREACÁIN (1730–1780)**

Dhréachtaigh Richard Castle, a shamlaigh teach samplach Pallaidíoch, na dearraí bunaigh do Theach Ard Breacáin sna 1730aidí. Is e an cás anseo gur eascair an bloc mór lárnach as dearraí leanúnacha le Thomas Cooley agus James Wyatt mar aon leis an Urramach Daniel A. Beaufort, ailtire áitiúil amaitéairach. Ta an bloc ceangailte le cistin Castle agus na sciatháin stábla ag naisc chuaracha.

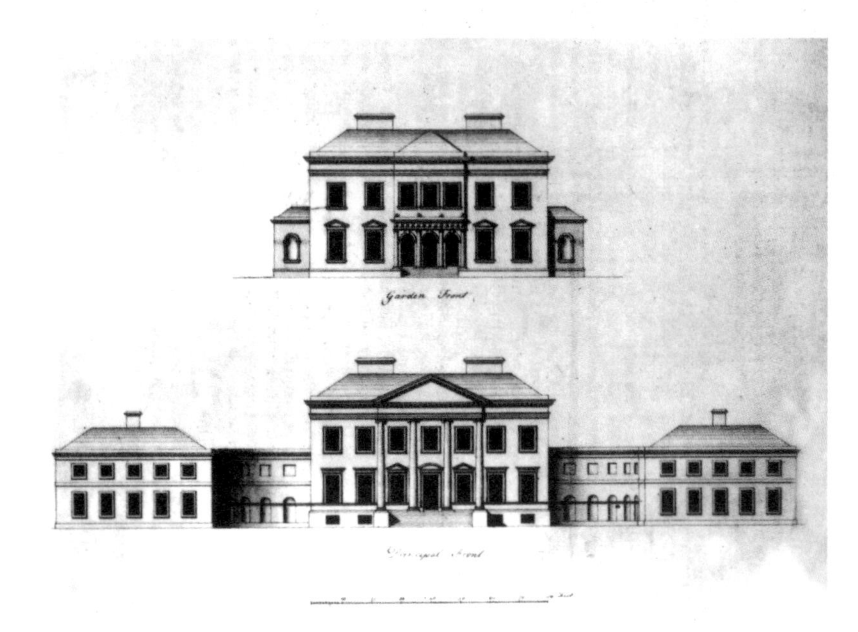


*(f. 15)*
**TEACH ARD BREACÁIN Aghaidhchló molta (c. 1730)**

Léiríonn an líníocht seo dearadh d'aghaidhchló molta. Níor cuireadh an bloc lárnach leis an aghaidh peidiméide i gcrích.

*(f. 16)*
**EASTÁT BHAILE AN CHNOIC**
**Baile an Bheileogaigh**
**(c. 1760)**

Sonra de gheata iarainn teilgthe i gcoimpléasc an chlóis stábla.

Bhí ailtirí den scoth seachas Pearce agus Castle amháin ag saothrú sa chontæ, agus níorbh rud annamh é feachtas fada tógála. Cé gur choimisiúnaigh an t-Iarla Bective tógáil Teach Diméin Cheanannais (1758–1780), níor cuireadh críoch le creatlach an tí go dtí 1769 agus thóg sé blianta eile chun clabhsúr a chur leis na taobhanna istigh. Ainneoin gurb é Castle ba chúis leis an dearadh bunaigh, bhí an tógáil féin bunaithe ar dhearadh a rinne George Semple (1748–80). Cé go bhfuil mionsonraí neamhphostúla ar a aghaidh, tá scála sonrach ag an teach ina bhfuil taobhanna iomadúla istigh le Robert Adam (1728–92), an t-aon taobh istigh de theach in Éirinn dá chuid a tháining slán. D'éirigh le Adam stíl nua-Chlasaiceach a chothú le raon móitífeanna agus gnéithe maisithe a bhí bunaithe ar stíleanna ón ársaíocht Chlasaiceach aníos go dti an Iodáil san séú céad déag. Faoi na 1770aidí, nuair a tugadh coimisiún dó líníochtaí a sholáthar do Diméin Cheanannais, bhí sé i mbarr a réime. Rinne sé líníochtaí do sheomraí sa teach, a bhfuil ceann acu, An Parlús Itheacháin, ar cheann de na taobhanna istigh is suntasaí i dteach tuaithe ar bith in Éirinn. Dhearaigh Thomas Cooley, an t-ailtire a rinne maoirseacht ar thógáil an tí, an droichead trí-stuach cloiche (c. 1776) atá trasna ar an Abhainn Mhór san eastát, chomh maith.

Bhain mórán tábhachta agus ardchála le húinéireacht chapall. Ba mhinic go raibh dearraí stáblaí agus dearraí thithe feirme chomh meall-tach le dearraí na dtithe lena raibh siad ceangailte. Sa leagan amach Pallaidíoch, de ghnáth cuireadh ceann de na pailliúin in áirithe do na stáblaí. Ag Ard Breacáin, ag cur leis na bloic stáblaí eile le Richard Castle, is bléinstuanna atá ar fáil ar fud na stáblaí, iad tacaithe ag colúin Thuscánacha atá curtha ar bhoinn dhoimhne chuaracha. Is léir ón raon tithe amuigh dhá-urlár atá tréigthe anois ar eastát Bhaile an Chnoic (c. 1760) i mBaile an Bheileogaigh, gur dornán breá iad, fiú san riocht ina bhfuil siad anois ***(f. 16)***. Taispeánann na stáblaí mionsonraí míne, ina measc fuinneoga iarainn múnla le patrún muileatach agus túirín. Tá cuma na maitheasa ar an cholmlann chiorclach atá in aice láimhe agus a tháinig slán lena díon slinne agus a taobh istigh bunaigh. (c. 1760) ***(f. 17, 18)***. Is foirgnimh thábhachtacha tí iad na colmlanna ó na meánaoisanna i leith, agus leanadh lena dtógáil aníos go dtí an naoú céad déag. Rinne colmlann mhór, amhail an ceann sin ag Baile an Chnoic, a mhalairt de riar bia úr a sholáthar don úinéir.

*(f. 17)*
**EASTÁT BHAILE AN CHNOIC**
**Baile an Bheileogaigh**
**(c. 1760)**

Is cuid de ghrúpa é an tseancholmlann (c. 1760), a riaraigh do Theach Bhaile an Chnoic tráth, i dteannta leis na struchtúir choibhneasacha atá fós ann sa tseandiméin.

*(f. 18)*
**EASTÁT BHAILE AN CHNOIC**
**Baile an Bheileogaigh**

Taobh istigh den cholmlann.

*(f. 19)*
**GIBRALTAR**
**Diméin Larch Hill**
**(c. 1820)**

Is cuid é an miondún tri-antánach seo, ar a dtugtar 'Gibraltar' agus atá suite cois locha, de léiriú neamhchoitianta de na struchtúir diméine ag Teach Larch Hill. Léiríonn an dún túir chúinne agus túiríní caisealacha.

San áit gur fhéach na colmlanna cosúil le foirgnimh ornáideacha, fós bhí cúis phraiticiúil leo agus níor glacadh leo i gcoitinne mar bhréagáin tí. Tá líon bréagán tí le fáil sna gairdíní ag Teach Larch Hill, Cill Choca (c. 1820) agus teach samhraidh, daingean agus teampall Gréigeach san áireamh *(f. 19, 20)*. Ainneoin go bhfuil siad ann ón naoú céad déag, is sampla iad den stíl ó lár an ochtú céad déag nuair a tógadh foirgnimh chosúla le feidhmiú mar phointe comhtheagmhála a chuirfeadh le hæsteitíc an taobh tíre. Cé gur mar mhacasamhail den domhan fantaiseach a tógadh iad uaireanta d'fheidhmigh siad go praiticiúil le siamsa foirmiúil agus taitneamh a sholáthar don bhreathnóir. Foirgneamh eile a bhfuil an fheidhm chéanna aige is ea an teach samhraidh atá suite ar láthair ard ag Baile Hoireabaird. (c. 1760). Tá cruth heicseagánach air, le fuinneoga cruinncheannacha agus uchtbhalla balastráide.

*(f. 20)*
**BROCAIS AN tSIONNAIGH**
**Diméin Larch Hill**
**(c. 1820)**

Struchtúr eile atá go speisialta aisteach ag Diméin Larch Hill, is ea másailéam agus teach baoise 'Brocais an tSionnaigh', a thóg Robert Watson, ina bhfuil uaimh stuach atá curtha isteach i dtulach shaorga, le teampall tuaithe os a chionn.

*(f. 21)*
**DIMÉIN CHEANANNAIS (c. 1770)**

Thóg an Chéad Iarla Bective (1724–95) an clós stáblaí dhá-urlár seo le limistéar lárnach faoi bhallaí ar fhána réidh ag clós feirme Theach Diméin Cheanannais mar chuid dá phlean feabhsúcháin.

Níl gaol ag áiféis na mbréagán tí, atá suite i ngairdíní agus dúichí na n-úinéirí talún, le gnó dáiríre na feirmeoireachta. Ba chuid lárnach an toradh talmhaíochta agus an tógáil stoic de gheilleagar an eastáit. Baineann fiúntas mór ailtireachta le go leor clós feirme, ainneoin nach mbíonn siad de ghnáth chomh maisiúil leis na stáblai. Tá raonta tithe amuigh le fáil mórthimpeall an chlóis lárnaigh sa choimpléasc feirme ag Teach Diméin Cheanannais (c. 1770) ***(f. 21–22)***. Bronnann na háirsí peidiméide comhtháite caráiste le clogás, uaisleacht agus tábhacht ar an láthair.

Ní raibh gach tiarna talún chomh diúltach le portráid Arthur Young. I 1731 bunaíodh an Cumann Átha Cliath, ar a dtugtar an Cumann Ríoga Átha Cliath inniu, chun feabhas a chur ar mhodhanna talmhaíochta. Bhí torthaí fiúntacha lena iarrachtaí. Is minic go raibh tionchar mór indíreach ag na forbairtí seo, a raibh gaol díreach acu go hiondúil le gnó talmhaíochta na n-eastát, ar an dúshraith agus ar an tionscal i mbailte an chontæ.

*(f. 22)*
DIMÉIN CHEANANNAIS

Radharc trín stua caráiste, clós feirme Theach Diméin Cheanannais.

Mar thoradh ar an gcúngú trádála a bhí i bhfeidhm ag an am, ní raibh rath ar thionscal na hÉireann. Mar shampla, coimeádadh línéadach na hÉireann ó mhargadh Shasana. Cibé scéal é, rinne an trádáil choilíneach maitheas don tír. Cuireadh an línéadach Éireannach, i measc táirgí eile, thar tír amach go Meiriceá agus go dtí na hIndiacha Thiar. Bhain tábhacht leis an tionscal línéadaigh don Mhí maidir leis an fhostaíocht a bhí ag teastáil go géar agus bunaíodh muillte lín, ina measc Muileann Martra ag Domhnach Mór. San ochtú céad déag, de thoradh ar an spreagadh a thug an chlann Napier, bhí an tionscal fíodóireachta is mó sa tír le fáil ins An Seanchaisleán. Cuireann fiú leagan amach an tSeanchaisleáin, lena theach margaidh atá suite sa lár agus timpeallaithe ag 'cearnóg' neamhrialta, béim ar thábhacht na trádála. Bíodh go bhfuil sé deacair é a aithint mar ionad trádála inniu, cé go bhfuil sé amhlaidh go fóill, ó thús ba fhoirgneamh tri-bhá, dhá-urlar é an teach margaidh (c. 1740) le stuabhealach oscailte triarach sa bhá lárnach.

*(f. 23)*
**MUILEANN BHAILE SHLÁINE**
**Cnoc an Mhuilinn, Baile Shláine**
**(c. 1765)**

Aithníodh Muileann Bhaile Shláine ar cheann de na muilte ab fhearr sa Bhreatain agus in Éirinn i lár an ochtú céad déag. Is foirgneamh neamh-choitianta tionsclaíoch é an muileann, atá déanta as aolchloch, sa mhéid is go léiríonn sé sonraí snoite, gné shamplach de thithe tuaithe na linne sin.

*(f. 24)*
**MUILEANN BHAILE SHLÁINE**
**Cnoc an Mhuilinn, Baile Shláine**

Radharc ar dhéanamh an dín sa bharrurlár.

*(f. 25)*
**MUILEANN BHAILE SHLÁINE**
**Cnoc an Mhuilinn, Baile Shláine**

Sonra de rianta shiúinéara ar adhmaid dín.

*(f. 26)*
**TEACH BHAINISTEOIR AN MHUILINN**
**Cnoc an Mhuilinn, Baile Shláine**

Léiríonn Teach Mhuileann Shláine, teach dea-dheartha agus córach, a tógadh i 1765 agus a leathnaíodh i 1799, sonraí míne, maisithe sa feanléas, sna frámaí timpeallaithe fuinneoige agus sa choirnis. Is cuid de fhoireann struchtúr atá bainteach leis an muileann é an teach, chomh maith leis na geataí agus na lóistí geata, Canáil Loingseoireacht na Bóinne, an chora, na loic agus na cainéil uisce.

I 1748, chuir Coimisinéirí na Loingseoireachta Intíre tús le Scéim Loingseoireacht na Bóinne a raibh nascadh na Bóinne leis an Abhainn Mhór mar aidhm aici. Thóg sé dhá bhliain chun an Seandroichead a shroisint, agus beagnach scór bliain chun an naoi míle idir an Seandroichead agus Baile Shláine a chríochnú. Tá cuid de stair Scéim Loingseoireacht na Bóinne ceangailte leis an muileann ag Baile Shláine (1763–66) ***(f. 23, 24, 25)***. Chuir David Jebb, an t-innealltóir a rinne maoirseacht ar pháirt den scéim loingseoireachta a tógadh sna 1760aidí, a phrintíseacht isteach mar mhuilleoir i Sasana ag muileann mór ag Chichester. Ar son a chomhpháirtithe sa fiontar muilleoireachta, muintir Townley and Conyngham, tiarnaí talún áitiúla, rinne sé maoirseacht le linn Muileann Shláine bheith i mbun tógála, a bhí faoin a stiúir ar feadh beagnach caoga bliain. Bhí Muileann Shláine ar cheann de na muilte gránach ar an mórscála is túisce a tógadh, agus ar cheann de na foirgnimh thionsclaíocha ar an mórscála is luaithe in Éirinn. Dealraíonn sé gur as cairéil Ard Breacáin a baineadh an aolchloch a úsáideadh sa tógáil. Ba ghnéithe iad na mionsonraí snoite, cúinní agus an tródam a shamhlófaí le teach mór seachas le muileann. Chónaigh bainisteoir an mhuilinn sa teach muilinn aolchloiche in aice láimhe (1765; leathnaithe 1799) ***(f. 26)***. Tá lóiste agus geata ag an mbealach isteach (c. 1765), atá suite in aice le Droichead Shláine agus atá ann ó lár an cheathrú céad déag.

**MUILLEANN PLÚIR, AN tAGARD NUA (c. 1760)**

Is gné mhaorga den cheantar máguaird é an muileann, i ngeall ar a scála, a chuma agus a scáthchruth drámata. Ar na gnéithe inspéise áirítear na huchtbhallaí caisealacha agus oscailtí neamhrialta na mbunurlár.

**MUILEANN BHAILE NUA AN MHANAIGH (c. 1825)**

Bhí Muileann Bhaile Nua an Mhanaigh ar cheann de na muilte ba shuntasaí den líon mór muilte arbhair a bhí ag feidhmiú i gContæ na Mí i mblianta deireanacha an ochtú céad déag agus go luath san naoú céad déag.

*Le caoinchead Leabharlann Náisiúnta na hÉireann.*

*(f. 27)*
**TINÍL**
**Feirm an Droichid, An Obair**
**(c. 1800)**

Is sampla spéisiúil den tiníl atá ann ó bhlianta tosaigh an naoú céad déag an ceann san Obair, atá suite taobh leis an cairéal agus tógtha isteach sa charraig aolchloiche.

Sna ochtú agus naoú céad déag, thóg úinéirí talún áitheanna aoil le sochar a bhaint as na cairéil aolchloiche ar a dtalamh. Is mar leasú talmhaíochta is mó a úsáideadh an t-aol beo a sholáthair na struchtúir shimplí, fheidhmiúla seo, agus baineadh úsáid as an aol teilgthe le moirtéil agus plástair a sholáthar don tógáil. Deineadh smidiríní de na clocha agus cuireadh in áith aoil iad le púdar a dhéanamh díobh le dóiteán ag teocht ard. Is sármhaith an riocht ina bhfuil an áith aoil (c. 1800) ag an Obair, atá suite in aice leis an cairéal agus atá tógtha den charraig aolchloiche *(f. 27)*.

*(f. 28)*
**DROICHEAD BHAILE AN MHATHÚNAIGH**
**Droichead Chearbhalláin**
**(c. 1780)**

Tugann an suíochán cloiche istigh san uchtbhalla i nDroichead Bhaile an Mhathúnaigh, dídean don choisí.

*(f. 29)*
**UISCERIAN NA BÓINNE**
**(c. 1795)**

Iompraíonn Uiscerian na Bóinne an Chanáil Ríoga trasna Abhainn na Bóinne. Is buaicshampla é d'innealltóireacht in Éirinn go déanach san ochtú céad déag; cuireann droichead ilstuach an bhóthair iarainn taobh leis gnaoi ar a chuma drámata agus ar a shuíomh.

Ba chuid riachtanach d'fhorbairt na trádála agus na cumarsáide í an tógáil droichead, i ngeall ar na haibhneacha líonmhaire a sníonn trasna an chontæ. Úsáideadh spallaí agus aolchloch chóirithe chun a lán droichead a thógáil i rith an ochtú céad déag. Tá a saintréithe féin ag an mórchuid acu. Ag Droichead Bhaile an Mhathúnaigh, (c. 1780), Droichead Chearbhalláin baineadh feidhm mar dhídean coisithe as an suíochán cloiche a tógadh san uchtbhalla *(f. 28)*. I dtreo deireadh an chéid tógadh uiscerian suntasach na Bóinne (c. 1795) d'eisléir aolchloiche leis an chanáil a iompar trasna na habhann *(f. 29)*.

Chomh maith le forbairt na n-eastát, deineadh bailte agus sráidbhailte gaolmhara a phleanáil agus a leathnú. Ghlac an Chéad Iarla Bective (1724–95) agus an mac a thóg a áit, agus an Chéad Bhíocunta Conyngham chucu féin faoi seach leagan amach Cheanannais agus Bhaile Shláine sa dara leath den chéad. San áit gur thosaigh Bective lena theach, agus ansin dhírigh a aire ar bhaile Cheanannais, leag Conyngham sráidbhaile Shláine amach sar a chuir a chomharbaí tús le hobair ar an gcaisleán.

Is dea-shamplaí iad Baile Shláine agus Ceanannas den phleanáil baile san ochtú céad déag. Ag Baile Shláine, leagadh plean nua do bhaile 'idéalach' amach in aice leis an áitreabh meánaoiseach. I gcodarsnacht le sin, deineadh Ceanannas a fhorbairt mórthimpeall ar chroí luathmheánaoiseach mhainistir Cholmáin, le hEaglais Naomh Colmán agus an cloigtheach sa lár. Feictear ailíniú an chlóis sheachtraigh fós i bpatrún ciorclach sráide an bhaile. San ochtú céad

**CLOCH MHÍLE**
**Baile Fearainn Diméin Bhaile Parson**
**(c. 1780)**

Meabhraíonn an chloch mhíle eibhir lena leathaghaidh triantánach dúinn ré órga na cóis-teoireachta nuair a bhí an córas poist in Éirinn bunaithe ar an gcóiste. Tá seo leanas le léamh ar an aghaidh thuaidh: 'Drumconra 5 Carrickmacross 12 Kingscourt 11', agus ar an aghaidh theas: 'Dublin 26 Slane 4', agus le 'CM' inscríofa ar bharr.

déag, thrasnaigh gréasán mórbhóthar, a nascaigh Baile Átha Cliath leis an iar-thuaisceart, an plean sráide. Leathnaíodh an bóthar isteach i gCeanannas ó Bhaile Átha Cliath, a bhfuil Plás Diméin Cheanannais mar ainm inniu air, agus cuireadh é le crainn. Bhronn an t-Iarla suíomh i bPlás Diméin Cheanannais d'Eaglais Chaitliceach (1798; a leagadh i 1958) agus ba le Francis Johnston (1760–1829) na dearraí. In oirthear an bhaile, dhearaigh Johnston an teach cúirte chomh maith (c. 1802). D'aolchloch atá an foirgneamh grástúil peidiméideach Clasaiceach seo tógtha, le heisléir mhín ar éadan an bhealaigh isteach. Taispeánann léarscáil ó 1817 teach tábhairne ar an dtaobh chontrártha de Phlás Díméin Cheanannais, mar a bhfuil an Cumann Creidmheasa suite inniu, agus baintear freagra as suíomh 'oileánach' an tí cúirte ***(f. 30)***. Dhearaigh Cooley an spuaic ar an dtúr meánaoiseach atá láimh le Teampall Naomh Colmán (c. 1778) de chuid Eaglais na hÉireann. Ar chnoc os cionn an bhaile, thóg an Chéad Iarla Bective Túr Lloyd (c. 1791) i gcuimhne a athar. Dhearaigh Henry Aaron Baker (1753–1836), dalta de chuid James Gandon, an túr atá tríocha méadar ar airde agus féachann sé amhail teach solais tréigthe, lena ardán radhairc agus lena thine rabhaidh atá ar iarraidh. Tá sé ráite go mbaineadh sealgairí úsáid as an túr mar threoshuíomh is iad ag filleadh abhaile ***(f. 31, 32)***.

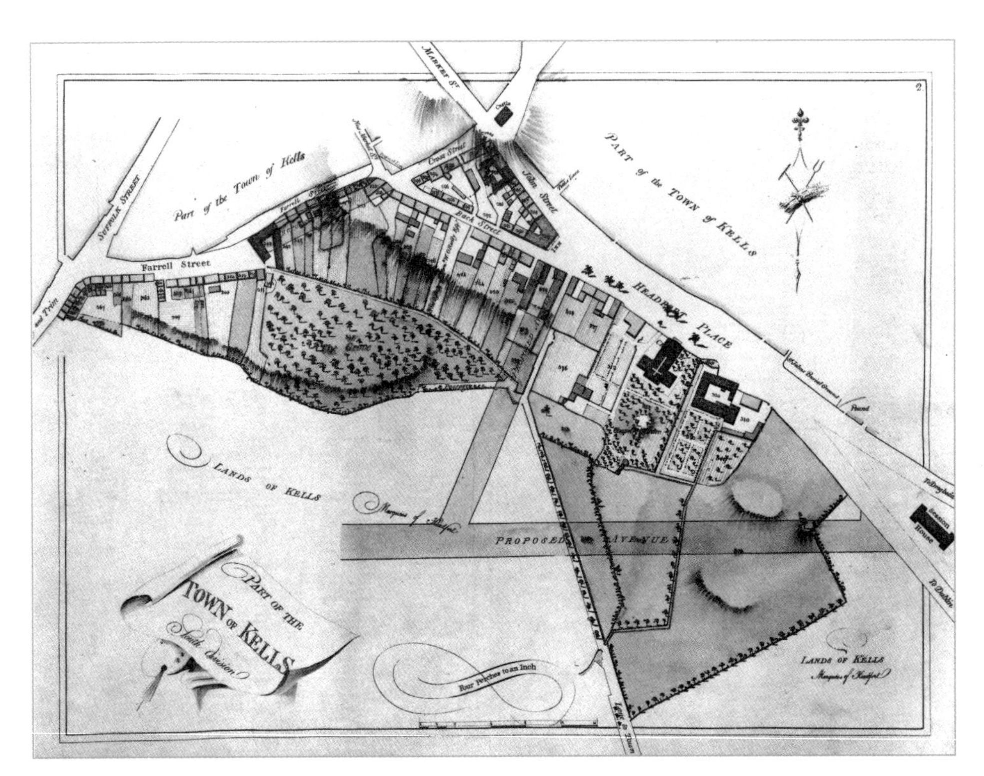


*(f. 30)*
CEANANNAS
(1817)

Taispeánann an léarscáil seo saothar feabhsúcháin Mharcas Cheanannais. Tabhair faoi deara na haibhinní nua leathana a ghearrann trí fabraic mheánaoiseach an bhaile.

*Part of the town of Kells south division*, 1817 le Sherrard, Brassington and Green.

*Le caoinchead Leabharlann Náisiúnta na hÉireann.*

*(f. 31)*
**TÚR LLOYD**
**(c. 1791)**

Tá cuma an cholúin ollmhóir Dóraigh ar an dtúr saorsheasta radhairc seo, le laindéar glónraithe os a chionn.

*(f. 32)*
**TÚR LLOYD**

*Le caoinchead Charltann Ailtireachta na hÉireann.*

*(f. 33)*
**AN CHEARNÓG**
**Baile Shláine**
**c. 1760)**

Tugann an dornán ceithre tithe, gur ceann acu é an teach seo, aghaidh ar a chéile go fiarthrasna ag an gcrosbhóthar i Sráidbhaile Shlaine.

Sna 1760aidí, leagadh Baile Shláine amach le plean cros-chruthach ag gabhal dhá bhóthar, ó Dhroichead Átha agus ó Bhaile Átha Cliath. Lig an Bíocunta Conyngham ceapacha le tógálaithe ar léas, ar choinníollacha a bhain le cineál agus scála na bhfoirgneamh a bhí le tógáil. Dá bhrí sin, is sráidbhaile tarraingteach, comhtháite Seoirseach é Baile Shláine, le ceithre theach d'aolchloch chearnógach (c. 1760) a chuireann le chéile agus a thugann aghaidh ar fiar ar a chéile, ceann amháin ag gach cúinne den crosbhóthar ***(f. 33, 34, 35)***. Nascann bratbhalla gach teach le dhá theach amuigh a bhfuil feidhmeanna éagsúla acu (c. 1760). Tá tithe dhá-urlár tógtha ar na sráideanna uaidh; go leor acu tógtha d'aolchloch chearnógach le colbhaí fuinneoige agus frámaí dorais, a bhfuil Sráid an tSéipéil (c. 1760) ina shampla maith. D'fhéadfadh go bhfuil Teampall Naomh Pádraig de chuid Eaglais na hÉireann, ann ón gcuid tosaigh den ochtú céad déag. Cuireadh an clogás, a dhearaigh Francis Johnston, leis in 1797 agus an bhliain ina dhiaidh sin tógadh Séipéal Caitliceach Naomh Pádraig (1798) ar láthair a bhí bronnta ag an Bíocunta Conyngham.

Tar éis don Chéad Bhíocunta Conyngham bás a fháil i 1781, thug a chomharbaí, an Dara agus an Tríú Bíocunta, faoi Chaisleán Shláine (1785) a thógáil. Bhí luathstíl na hAthbheochana Gotaí an chaisleáin bunaithe ar dhearadh le James Wyatt agus tugtha chun críche ag Francis Johnston ó 1795. Go bunúsach is é atá ann ná foirgneamh Clascaiceach atá ina iomlán siméadrach agus a bhfuil gnéithe iomadúla ornáideacha meánaoiseacha amhail táibhle agus túir cúinne, ag baint leis. Tá bálseomra gleoite ar airde dhúbailte le síleáil chruinneachánach ard-ornáideach sa stil Ghotach ann. Dhein tine dochar mór don chaisleán i 1991, ach tá sá cóirithe ó shin.

*(f. 34)*
**AN CHEARNÓG**
**Baile Shláine**

Sonra d'ornáid bhuaice i ngeata atá déanta as iarainn teilgthe ó cheann amháin den cheithre tithe.

*(f. 35)*
**AN CHEARNÓG**
**Baile Shláine**

Cnagaire dorais ó cheann de na tithe.

**T. MEADE**
**An Phríomh-Shráid,**
**Baile Shláine**
**(c. 1769)**

Leanann dornán tábhachtach tithe amuigh ar an Phríomh-Shráid, Baile Shláine, buan gan loit, nach mór. Níl scála na bhfoirgneamh seo de réir cineáil i láthair an teaghlaigh, agus tugann sin leid dúinn go mb'fhéidir go raibh gné thionsclaíoch ag baint leis an láthair.

Phléasc coimhlintí báite polaitiúla na tíre san Éirí Amach i 1798. Chuir briseadh an airm cheannaircigh ag Cath Teamhaireach (26 Bealtaine 1798) cor tábhachtach san éirí amach. Comharthaíonn dhá chloch chuimhne an eachtra stairiúil seo go goinblasta, an Lia Fáil (the Stone of Destiny) athlonnaithe ag uaigh na gCropaithe ag Teamhair *(f. 36)*; agus ar an dtaobh dhílseach de, leac fhásta thuama William Wright, ball de Chosslua Cheanannais Uachtaraigh a maraíodh ag Teamhair, atá suite i reilig Naomh Colmán ag Ceanannas.

*(f. 36)*
**LIA FÁIL**
**An Caisleán Buí**

Sheas an lia seo, atá suite anois i lár barra, cóngarach do thuama pasáiste, ó thús.

*Le caoinchead Dúchas The Heritage Service.*

# An Naoú hAois Déag

Má b'é an t-ochtú céad déag aois na dtiarnaí talún, b'é an naoú céad déag, ainneoin uafáis an Ghorta Mhóir, an céad ina dtáinig an mheánaicme gheilleagrach agus pholaitiúil chun tosaigh. Ó thaobh na hailtireachta de, tógadh séipéil, scoileanna, bainc agus institúidí eile sna bailte agus sráidbhailte ar fud an chontæ dá thoradh.

Tháinig an ailtireacht eaglasta i mbláth i ndiaidh Acht um Fhuascailt na gCaitliceach i 1829. Cuireadh teoranna áirithe roimhe sin le tógáil na séipéal Caitiliceach. Bhi cosc ar spuaiceanna agus ar chloig, agus de ghnáth tógadh na séipéil ar láithreáin nach gcuirfí suntas iontu. Mar sin féin, lean gnéithe ginearálta stíleacha na séipéal Caitiliceach ag an am tosaíocht na hEaglaise Bunaithe, agus is minic a deineadh cruth clasaiceach siméadrach a chomshnaidhmiú ann agus é ornáidithe le spuaiceanna spíceacha agus le maisiú plástair.

Bhain Eaglais na hÉireann tairbhe as an stór airgid a sholáthair Bord na dTorthaí Tosaigh, a riaraigh an t-airgead bliantúil ón bparlaimint Éireannach le haghaidh tógáil na dteampall agus na dtithe gléibe ó 1778 go 1833. Cheapadar a n-ailtirí féin, mar John Semple (b.1880), na deartháireacha Pain, James (c. 1779–1877) agus George Richard (c. 1793–1838) agus John Bowden. Bhí suíomh feiceálach ag bunús na dteampall de chuid Bhord na dTorthái Tosaigh a tógadh idir 1810 agus 1833, cé acu ar láithreáin i lár an bhaile, nó in aice le láithreáin ársa mhanachúla. Ba hallaí simplí amhail bosca iad le túir trí-urlár thiar agus, i gcásanna níos greanta, le sraith tacaí céimneacha a mhaisigh na taobhanna agus an bhinn.

Is samplaí de réir cineáil iad de theampall Eaglais na hÉireann agus de shéipéal Caitliceach faoi seach ón naoú céad déag luath iad Teampall Mhuire Naofa (1800), Galltroim ***(f. 37)*** agus Séipéal Caitliceach na Deastógála (c. 1820), ***(f. 38)*** Baile an Bhóthair. Is teampall sainiúil de chuid Bhord na dTorthaí Tosaigh é Teampall Naomh Muire, bosca dronuilleogach le túr thiar. Léirítear a chruth simplí le mionsonraí ailtireachta mar na tródaim, spuaiceanna agus na colbhaí dorais atá déanta d'aolchloch eisléire. Is foirgneamh simplí trí-bhá é an séipéal ag Baile an Bhóthair a bhfuil dealramh aige le scioból nó cillín aonair le túirín ar a bhinn thuaidh. Cuireadh an sacraistí agus na póirsí leis níos déanaí. Tá fuinneoga biloracha, agus iad suite isteach sna ballaí, ag an dá eaglais a tógadh de réir luathstíl na hAthbheochana Gotaí.

*(f. 37)*
**TEAMPALL EAGLAIS NA hÉIREANN NAOMH MUIRE**
**Galltroim**
**(c. 1800)**

Tá gnéithe tipiciúla ag Teampall Naomh Muire a bhain le teampaill Eaglais na hÉireann a tógadh le deontais ó Bhord na dTorthaí Tosaigh.

*(f. 38)*
**EAGLAIS CHAITLICEACH RÓMHÁNACH NA DEASTÓGÁLA**
**Baile an Bhóthair**
**(c. 1820)**

Tá an taobh neamhphostúil amuigh d'Eaglais na Deastógála de réir cineáil na séipéal Caitliceach Rómhánach a tógadh in Éirinn go luath san naoú céad déag. Cé nach bhfuil an-chuid de na gnéithe agus de na hábhair sheachtracha bhunaigh ann a thuilleadh, agus an taobh istigh áth-chóirithe i ndiaidh na Comhairle Vatacáine II, tá roinnt gnéithe inspéise inmheánacha fós le feiceáil. Tá na múnlálacha cochaill, le ceiribíní rindreála foircean-ta, go speisialta spéisiúil.

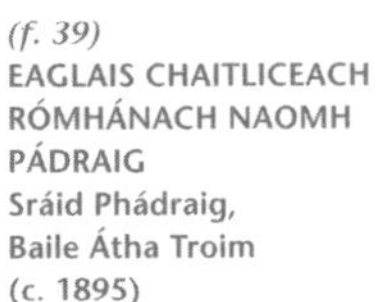

*(f. 39)*
**EAGLAIS CHAITLICEACH RÓMHÁNACH NAOMH PÁDRAIG**
**Sráid Phádraig, Baile Átha Troim**
**(c. 1895)**

Tá Eaglais Naomh Pádraig suite i dtailte tírdhreachtaithe a théann anuas le fána ó Shráid Phádraig i dtreo tailte Chaisleán Bhaile Átha Troim. Soláthraíonn an meascán d'aolchloch gharbh le héadan carraige agus na cóirithe eisléire sonraí fabraice spéisiúla.

*(f. 40)*
**EAGLAIS CHAITLICEACH RÓMHÁNACH NAOMH PÁDRAIG**
**Sráid Phádraig, Baile Átha Troim**

Comhlánaíonn agus cuireann cur i gcrích ealaíonta na sonraí snoite sna gnéithe inmheánacha, le gnaoi na heaglaise maorga seo atá i stíl na hAthbheocha Gotaí.

*(f. 41)*
**EAGLAIS CHAITLICEACH RÓMHÁNACH NAOMH PÁDRAIG**
**Sráid Phádraig, Baile Átha Troim**

Sonra de na ráillí atá déanta as iarann teilgthe.

Sa dara leath den naoú céad déag, bhí tionchar ilchríochach laistigh den stíl Ghotach le haithint níos minicí san tógáil eaglasta. Tá tionchar an Ghotaigh Iodáiligh le feiceáil sa mhaisiú polacrómatach ar Shéipéal Naomh Máirtín (1876), Cúil Mhaoilín. Dhearaigh William Hague (1840–c. 1900) é agus tógadh é le brící innealltóireachta dearg, buí agus gorm a bhí meascaithe le spallaí bolláin. Tá blas Gotach Francach le sonrú san séipéal maorga, Eaglais Chaitliceach Naomh Pádraig (c. 1890–1905), Baile Átha Troim, a dhearaigh Hague chomh maith, ar a spuaiceanna agus ar a oscailtí sa túr agus sa chlogás ***(f. 39, 40, 41)***. Tá eaglais Naomh Pádraig maisithe go flaithiúil agus tógtha go grástúil agus dearadh é le plean croschruthach agus siméidreach. Cruthaíonn úsáid na haolchloiche carraigí le heisléir mhín dromchla spéisiúil, agus cuireann na mionsonraí snoite seachtracha leis. Comhlacht Pearse agus A Mhic, a bhí i mbun na sníodóireachta ar an cúlscáthlán altóra marmair. B'é athair Patrick agus Willie Pearse, na ceannairí a cuireadh chun báis i 1916, an t-úinéir.

**MÁISILÉAM WINTER**
**Achair**
**(c. 1810)**

Is cuid d'fhoireann tharraingteach é Máisiléam na Clainne Winter, Achair, a tógadh i stíl luath na hAthbheochana Gotaí, mar aon leis an reilig agus an eaglais Phrotastúnach.

**EAGLAIS PHROTASTÚNACH**
**Achair**

Tá an ghloine dhaite seo, ina ndéantar íomhá de Naomh Pól i mbun seanmóireachta le muintir na hAtæne, suite i bhfoirceann thoir na heaglaise. Luaitear ealaíontóir gloine dhaite ó Éirinn leí Jervais i ndiaidh Raphæl agus tá sí ann ó cheathrú deireanach an ochtú céad déag.

**EAGLAIS CHAITLICEACH RÓMHÁNACH NAOMH AINDRIÚ**
**Currach Átha**
**(c. 1900)**

Tá an dath agus an solas chun tosaigh taobh istigh d'Eaglais Chaitliceach Rómhánach Naomh Aindriú, Currach Átha, a dhearaigh George Coppinger Ashlin (1837–1921) agus a bhain úsáid as éagsúlacht leac daite, mharmar agus mhósáicí.

*(f. 42)*
**SRÁID GHEATA UAIMHE**
**Baile Atha Troim**
**(c. 1832)**

Is ceann de phéire é an teach seo ar Shráid Gheata Uaimhe mar aon leis an teach atá taobh thoir de. Is péire maorga iad sa tsráidhreach i ngeall ar a gcuma agus a scála.

*(f. 43)*
**SRÁID GHEATA UAIMHE**
**Baile Atha Troim**

Cnagaire dorais sa teach ag 2 Sráid Gheata Uaimhe.

Lean feabhsú na mbailte agus na sráidbhailte go lár an naoú céad déag. Leag John Farrell, an tiarna talún áitiúil, Maigh nEalta amach i 1826. Is sráidbhaile eastáit clasaiceach é atá leagtha feadh na sráide singil le hEaglais Chaitliceach (1815–1825) ar thaobh amháin agus seanteampall Eaglais na hÉireann (1815–1820) ar an taobh eile. Idir eatarthu, tugann dornán tarraingteach tithe dhá-urlár eastáit le fuinneoga dormánta agus beanna, aghaidh ar an sráid (c. 1825). Tá teach leasríochta John Farrell (c. 1825) suite ar imeall an bhaile. Is gné shuntasach den shráidbhaile ballaí an eastáit leis na geataí atá déanta as iarann teilgthe, piaraí geata (c.1825) agus lóiste (c. 1825). Cuireann an iliomad mionsonraí athdhéanta ailtireachta sna cláir shnoite binne, sna beanna agus sna fuinneoga le pánaí muileatacha, le draíocht Mhaigh nEalta.

Amhail go leor bailte eile sa Mhí, lean forbairt Bhaile Átha Troim san naoú céad déag le tógáil na sraitheanna breátha tithe. Tá sraith shuntasach de thrí tithe dhá-urlár le híoslach (c. 1830–35) ar Shráid Gheata Uaimhe ***(f. 42, 43)***. Tá go leor de na bunghnéithe amhail na colbhaí snoite dorais cloiche, na feanléasacha, na fuinneoga saise agus na ráillí, le feiceáil go fóill. Tá teacht ar chúl na sraithe faoin stua caráiste soir ó uimh. 4. Tá cuma níos pictiúrtha ar an sraith chomhaoiseach ildaite deich tithe eastáit (c.1890), Sráid an Chaisleáin, agus tógtha ag Eastát Dhún Samhnaí ***(f. 44, 45, 46)***.

*(f. 44)*
**TEACHÍNÍ EASTÁIT**
**1–10 Sráid an Chaisleáin, Baile Átha Troim**
(c. 1890)

Cuireann an fhoireann seo de dheich teach, a thóg eastát Dhún Samhnaí, le gnaoi phictiúrtha an tsráidhreacha i mBaile Átha Troim. Fágann an dearadh ailtireachta, caighdeán ard na sonraí ealaíonta, agus an dóigh ina coimeádadh an-chuid de na gnéithe bunaigh, gur bailiúchán suntasach tithe iad seo.

*(f. 45)*
**TEACHÍNÍ EASTÁIT**
**1–10 Sráid an Chaisleáin, Baile Átha Troim**

Taispeánann sonra de na fuinneoga dormánta binne ar an gcéad urlár cláir binne adhmaid agus ornáidí buaice déanta as iarann teilgthe.

*(f. 46)*
**TEACHÍNÍ EASTÁIT**
**1–10 Sráid an Chaisleáin, Baile Átha Troim**

Cnagaire dorais ar cheann de na tithe i Sráid an Chaisleáin.

*(f. 47)*
**TEACH CÚIRTE**
**Sráid an Droichid,**
**Baile Átha Troim**
(1809)

Fágann méid ollmhór agus mianach ailtireachta an tí cúirte i mBaile Átha Troim, a dhearaigh an Ridire Richard Morrison (1767–1849), go bhfuil sé ar cheann de na foirgnimh phoiblí is maorga sa bhaile. Té sé suite ag gabhal thrí bhóthar agus tá suíomh suntasach aige ins an sráidhreach.

Ba chuid suntasach den naoú céad déag na tithe poiblí iomadúla a tógadh de réir mar a d'fhás cumhacht agus forais an stáit. Dhearaigh an Ridire Richard Morrison (1767–1849) Teach Cúirte Bhaile Átha Troim (1809) sa stíl nua-Chlasaiceach, ceann de thithe poiblí tosaigh an chéid ***(f. 47)***. Bhí an nua-Chlasaiceas, a bhain macalla as an 'fhíor' ailtireacht sa Róimh agus sa Ghréig Chlasaiceach, le feiceáil cheana féin ag deireadh an ochtú céad déag, ag bailiú nirt sa naoú céad déag. Is foirgneamh maorga rindreáilte é an teach cúirte le cúinní agus peidiméid eisléire. Ní raibh an príosún i bhfad uathu siúd a ciontaíodh sa teach cúirte i mBaile Átha Troim. Tógadh Príosún Bhaile Átha Troim (1827) le dearraí John Hargrave (c. 1788–1833) ar chnoc os cionn Caisleán Bhaile Átha Troim. Níl fágtha inniu ach balla an phríosúin lena shaoirseacht chloiche agus fonsaí doimhne inti. Bhí an aghaidh cumhachtach seo de réir cineáil i bpríosúin na linne, deartha le hómós san bhreathnóir agus uamhan sna feileoin chiontaithe a dhúiseacht.

Spreag daingniú na ngabháltas talún i ndiaidh an Ghorta Mhóir geilleagar na bhfeirmeacha beaga sna ceantair tuaithe agus an trádáil sna bailte, le forbairt araon. Tá seo le feiceáil sna brainsí áitiúla bainc, gur mhéadaigh a líon chomh suntasach sin ó 170 i 1845, go 569 i 1880, go 809 i 1910. Chuaigh an-chuid institiúidí airgeadais faoi anáil na hailtireachta ón Iodáil na hAthbheochana, baile dúchais an chórais chomhaimseartha baincéireachta. B'fhearr le hailtirí bainc dearadh a bhain macalla as an palazzo Iodáileach de bhrí gur aithin siad agus a bpatrúin, b'fhéidir, an daingne agus an iontaofacht ansin. Tógadh an Banc Náisiúnta (1853) sa Cheanannas, Halla an Bhaile anois, ó dhearraí le William Caldbeck (c. 1825–72) agus is sampla maith é den stíl seo. Is sampla eile é Banc an Tuaiscirt, a tógadh níos déanaí (c. 1880), An Seanchaisleán, Banc Náisiúnta na hÉireann inniu ***(f. 48)***. Tógtha d'aolchloch chóirithe, d'fhág a cholbha tarraingteach dorais lena cholúin Tuscánacha agus mionsonraí na fuinneoige é difriúil leis na foirgnimh eile sa tsraith. Tá teach córach, simplí (c. 1880) a tógadh do bhainisteoir an bhainc suite béal dorais.

*(f. 48)*
**BANC NÁISIÚNTA NA hÉIREANN**
**Sráid Oilibhéar Pluincéad, An Seanchaisleán (c. 1880)**

Tá an Banc sa tSeanchaisleán sa stíl Iodáileach leis na colúin Thuscánacha agus le sonrú fuinneoige.

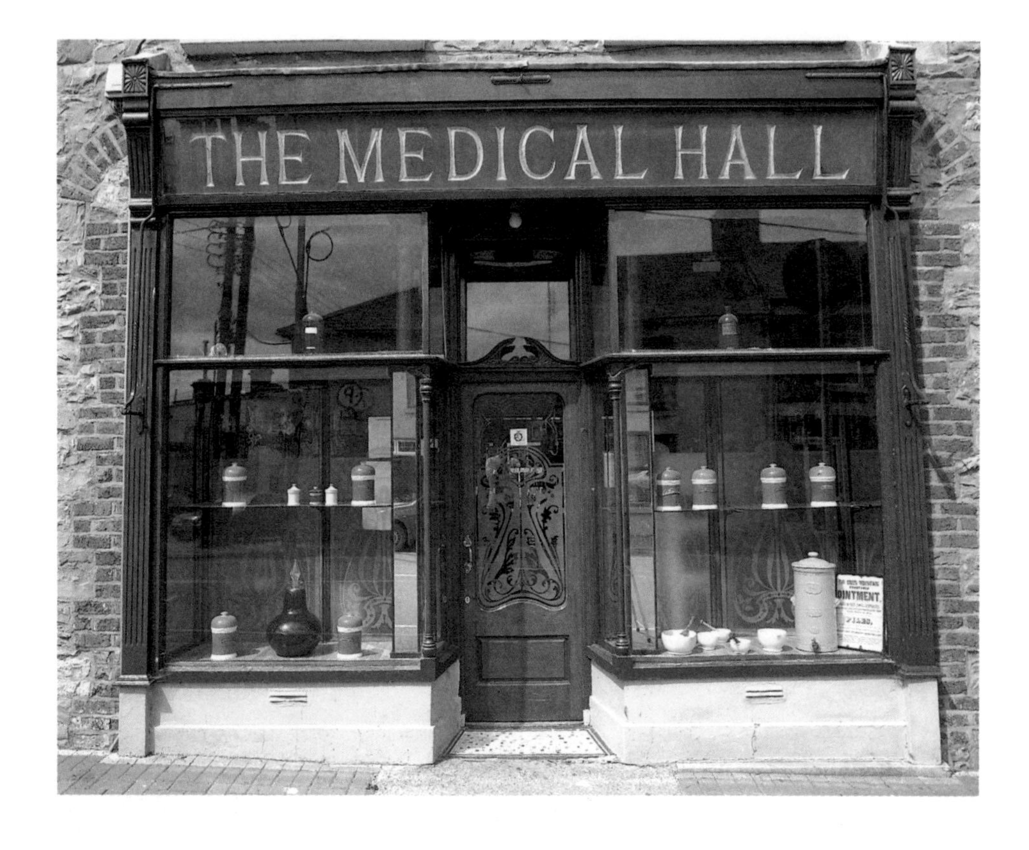


*(f. 49)*
**AN HALLA LEIGHIS**
**Sráid na hEaglaise,**
**Ceanannas**
**(c. 1870)**

Cé nach bhfuil go leor de na gnéithe agus na hábhair bhunaigh ann a thuilleadh, fós, tá éadan breá an tsiopa sa stíl Art Nouveau ag an Halla Leighis agus cuireann sé go mór leis an sráidhreach.

Tá an mhórchuid de na héadain thraidisiúnta siopa sa Mhí a tháinig slán ann ón naoú céad déag agus taispeánann siad gnéithe iomadúla Clasaiceacha ailtireachta. Cuireadh na colúin mhaisithe, na piléir balla agus na taibhléadain, atá le fecieáil sna héadain siopa ar fud an chontæ, in oiriúint do thraidisiún dúchasach, rud a bhronnann dath agus beocht ar na sráideanna. Tá colúnáidí adhmaid faoi mhaisiú duillithe ag tacú na bhfuinneog sa Halla Leighis (c. 1870), Ceanannas ***(f. 49)***. Ar gach taobh tacaíonn piléar méiríneach balla brac, faoi ornáid chlasaiceach i rilíf íseal, le peidiméid shnoite bharr-oscailte dhuillithe os cionn an dorais. Taispeánann an dearadh le A. Crosby (1860–1880), Ceannanas, atá níos simplí ach fós gach oiread chomh mealltach, gnéithe Clasaiceacha chomh maith ***(f. 50)***. Tá éadanchlár adhmaid ag Maloney's i Sraid an tSéipéil (1840–1860), Baile Shláine le litreoireacht ardaithe agus peidiméid os cionn na mbracóg ***(f. 51, 52, 53)***.

*(f. 50)*
**CROSBY'S**
**Sráid Ó Fearghail,**
**Ceanannas**
**(c. 1870)**

Tá na fuinneoga adhmaid saise agus an doras leis na painéil adhmaid fós ag an bhfoirgneamh seo, a chomhlánaíonn éadan simplí an tsiopa.

*(f. 51)*
**MALONEY'S**
**Sráid an tSéipéil,**
**Baile Shláine**
**(c. 1850)**

Tá na fuinneoga adhmaid saise agus an doras leis na painéil bhunaigh adhmaid fós ag éadan simplí adhmaid siopa an fhoirgnimh seo.

*(f. 52)*
**MALONEY'S**
**Sráid an tSéipéil,**
**Baile Shláine**

Sonra den fráma timpeallaithe gléasta aolchloiche dorais.

*(f. 53)*
**MALONEY'S**
**Sráid an tSéipéil,**
**Baile Shláine**

Sonra den litreoireacht ar éadan siopa Maloney.

Ceann de na foirgnimh is coitianta sa taobh tíre is ea an scoil náisiúnta tuaithe. San áit gur tógadh na Cairtscoileanna do mhionlach Eaglais na hÉireann ó 1730 i leith, ní raibh a leithéid ag na Caitlicigh, go háirithe le linn na bPéindlithe, agus is minic go bhfuair siad oideachas i séipéil nó sna 'scoileanna cois claí' amuigh faoin spéir. Níor bhunaigh Bord an Oideachais Náisiúnta na scoileanna náisiúnta go dtí 1831 le Caitlicigh a oiliúint. Tógadh iad le foirmle shimplí a bhí bunaithe ar an mbloc aon-urlár dhá-sheomra, go minic le bealaigh isteach ar leith do na buachaillí agus do na cailíní. Is iondúil go gcuireann plaic chloiche ar an bhfoirgneamh ainm agus dáta na scoile, a bhfuil an-chuid díobh dúnta nó athchóirithe agus úsáid eile á bhaint astu, in iúl. Is samplaí cúig-bhá iad na scoileanna ag Baile Átha Buí (c. 1820 agus Crosa Caoil (c. 1830) den bhunstruchtúr tógála seo.

**SCOIL NÁISIÚNTA ARD BREACÁIN**
**Diméin Ard Breacáin (1856)**

Is é atá sa tseanscoil náisiúnta seo ná péire lóiste ar dhá thaobh gheataí na reilige agus na hEaglaise Protastúnaí.

Deineadh sraith Modhscoileanna Dúiche a choimisiúnú le linn na 1840aidí. B'iad cuspóirí na Modhscoileanna, a bhí faoi scáth Bhord an Oideachais Náisiúnta i 1831, ná an t-oideachas comhtháite, modhanna feabhsaithe an oideachais liteartha agus eolaíocha, agus oiliúint na múinteoirí, a chur chun cinn. Ba scoileanna daingne cloiche iad agus bhíodar sách difriúil leis na scoileanna náisiúnta eile, ó thaobh na hailtireachta de. Is Coláiste Pobail anois é Modhscoil Dúiche Bhaile Átha Troim (1849) ***(f. 54)***. Amhail Modhscoiil Frederick Darley (1798–c. 1873) i mBaile Átha Í (1850), Contæ Chill Dara tá sé den dearadh neamhshiméidreach i stil na hAthbheochana Túdoraí, le beanna star-rógacha agus fuinneoga muilleannacha.

*(f. 54)*
**COLÁISTE POBAIL BHAILE ÁTHA TROIM**
**Bóthar Nua Bhaile Átha Cliath, Baile Átha Troim (1849)**

Dhearaigh Frederick Darley an tsean-Mhodhscoil Dúiche i stíl na hAthbheochana Túdoraí.

Bunaíodh scoileanna le hairgead príobháideach chomh maith. Íocadh as Scoil Dearlaice Gilson sa tSeanchaisleán (1823) le tiomna ó Laurence Gilson, dúchasach an tSeanchaisleáin a chruinnigh a stór i Londain. Spreagann an chosúlacht sa dearadh le Teach Loch Craobh, atá geall le bheith leagtha ina iomlán anois, an smaoineamh gurb é an tiarna talún áitiúil, J. L. Naper, a choimisiúnaigh Charles Robert Cockerell (1788–1863) leis an scoil a dhearadh.

Tá plean nua-Phallaidíoch leis an scoil, a mheabhraíonn Teach Ard Breacáin (1776), le póirse scothghéar. Is é atá sa bhfoirgneamh, atá déanta d'eisléir aolchloiche dhea-ghearrtha, ná teach mór lárnach, ina chónaigh an t-ardmháistir agus an ardmháistreás, le naisc níos ísle agus sciatháin aon-bhá ina raibh na seomraí scoile suite. Sa Cheanannas, d'íoch maoiniú príobháideach ó Iníon Catherine Dempsey, iníon ghníomhaire leis an Diméin Cheanannais, as dhá scoil (1840) le haghaidh beannach a bhí nascaithe ag stuabhealach cuarach peidiméidach agus bratbhallaí.

Tógadh tithe na mbocht ar fud na Mí le dídean a sholáthar do na bochtáin agus don dream dearóil, mar fhreagra ar an Acht um Fhóirithint na mBocht (Éire), 1838. Réitigh an tAcht seo an bealach le maoiniú a scaipeadh ar dhaoine dearóla ar choinníoll go mbeadh na faighteoirí lonnaithe i dteach na mbocht. Dhearaigh George Wilkinson (1814–1890) tithe na mbocht (1839–1841) ag Baile Átha Troim, Ospidéal Naomh Seosamh inniu, agus Dún Seachlainn. Tógadh an chuid is mó de thithe na mbocht le pleananna caighdeánacha Wilkinson: stíl shimplí, ghéar Thúdorach le fuinneoga d'iarann múnla le pánaí muileatacha agus fuinneog bheag bhiorach sa bhinn. I measc na dtithe, bhí teach an ghobharnóra, teach dháurlár ilbhách le bloc sé-bhá, tri-urlár ag an deireadh le beanna dúbailte, agus otharlann nó barda fiabhrais. Neartaigh an balla ard clóis agus an deighilt ghéar a cuireadh i bhfeidhm idir na mná agus na fir, na cosúlachtaí leis na príosúin. Líon an dúchan ar phrátaí ó 1845 i leith, a raibh an Gorta Mór mar thoradh air, tithe na mbocht a bhí ró-lán cheana féin, go raibh siad ag brúchtadh thar maoil.

**SCOIL NÁISIÚNTA ACHAIR (c. 1879)**

Cé go bhfuil Teach Achair leagtha, is dornán tarraingteach struchtúr coibhneasach iad an tseanscoil náisiúnta, teach an stiobhaird agus an eaglais, iad go leir tógtha ag clann Winter. Cuireann an scoil go taibhseach leis an sráidhreach, lena díon corcra slinne, a ballaí brící atá dearg agus buí, agus a cóirithe liatha aolchloiche.

**NETTERVILLE (c. 1877)**

Is sampla maith é den institiúid ildathach ó na blianta deireanacha sa réimeas Victeoireach an sean-Teach Déirce, a dhearaigh George Coppinger Ashlin (1837–1921) i Netterville.

*(f. 55)*
**DROICHEAD NA hOIBILISCE**
**An Seandroichead**
**(c. 1868)**

Is eiseamláir inspéise é Droichead na hOibilisce den innealltóireacht i mblianta deireanacha an naoú céad déag, le ráillí atá déanta as iarainn saoirsithe go huchtbhallaí i bpatrún laitíse, agus le piaraí foirceanta aolchloiche. Trasnaíonn an droichead Abhainn na Bóinne ag láthair atá gar don áit inar tógadh oibilisc le Cath na Bóinne a cheiliúradh.

**GEATA**
**Baile Uilcín**
**(c. 1850)**

Is sampla tábhachtach den traidisiún dúchasach é an geata miotail barra breá seo, atá suite idir na piaraí brablaigh geata. Tá samplaí eile den chineál seo le fáil ag na bealaigh isteach go dtí go leor feirmeacha agus clós feirme ar fud na Mí agus iarthar Átha Cliath.

**BAILE UILCÍN**

Sonra de gheata.

Go déanach san ochtú céad déag thosaigh an t-aos ailtireachta ag baint úsáide as iarann mar ábhar tógála, cé nár éirigh an cleachtadh seo faiseanta go dtí an naoú céad déag. Léirigh an Pálás Criostail, a tógadh i Londain don Taispeántas Mór i 1851, ildánacht an iarainn mar ábhar tógála, agus toisc go raibh sé inmhúnlaithe chiallaigh sin gur oir sé do theilgean na dtréithe ornáidithe. Is sampla spéisiúil é an Droichead Oibilisce (1869), An Seandroichead, den struchtúr iarainn múnla a ghlac áit an droichid adhmaid a scuabadh chun siúil le tuilte na bliana roimh ré ***(f. 55)***. Trasnaíonn an droichead abhainn na Bóinne agus tá giarsaí cliathraigh atá déanta as iarann múnla aige atá á iompar ar phiaraí d'eisléir aolchloiche.

I 1838, bheartaigh Coimisinéirí Chuan Dhroichead Átha soilsí a thógáil ag béal na Bóinne. Tógadh trí sholas cé gur chruthaigh siad sealadach i ngeall ar an ngaineamh beo. De bhrí gur struchtúir shimplí adhmaid iad ó thús chruthaigh sé éasca iad a athailíniú dá mba gá leis. Níos déanaí baineadh úsáid as iarann sa deilbhiú agus fágadh iad buanseasmhach. Laghdaíodh go mór freisin an seans go loitfeadh an lobhadh iad. Ag Teach Solais Dhroichead Átha Thoir (c. 1880) cuireadh an frámú adhmaid ar ceal ina iomlán agus seasann sé inniu mar laindéar iarainn múnla atá suite ar thacaí iarainn múnla ***(f. 56)***.

Tugadh an bóthar iarainn go dtí an Mhí i 1844 le hoscailt an líne idir Baile Átha Cliath agus Droichead Átha, a nascaigh le Córas Loingseoireacht na Bóinne. Leanadh é seo, ó na 1850aidí go dtí na 1870aidí, le gréasán bóthar iarainn trasna an chontæ. Ní hamháin go raibh sé ina bhuntáiste mór do thaistealaithe ach go deimhin chruthaigh an bóthar iarainn ina mhodh cumarsáide a bhí tapaidh agus éifeachtach don trádáil agus don déantús araon, ag cumadh naisc idir na bailte sa Mhí agus an phríomhchathair agus calaphort Dhroichead Átha. Léiríonn na stáisiúin trænach a tháinig slán ildánacht stíleanna. Foirgnimh fhada, ísle atá i roinnt acu, iad go minic faoin adhmad péinteáilte. Tá an stáisiún ag An Inse (1845–1850) ***(f. 57)*** de réir cineál na stíle seo agus is aonad tábhachtach ailtireachta é, le teach beag scoite dhá-urlár an mháistir stáisiúin (1845–1850) agus droichead na gcoisithe. Rinne líon óstán bhóthar iarainn amhail an ceann ag An Inse (1845–1855), foirgneamh ard, tri-urlár atá suite siar ón mbóthar, lóistín a sholáthar do thaistealaithe ***(f. 58)***. Is minic a thóg na comhlachtaí iarnróid na hóstáin seo, ach deineadh go leor díobh a fhorbairt go neamhspleách i gcomharsanacht na stáisiún. Chinntigh riachtanais innealltóireachta an bhóthair iarainn go raibh gá chomh maith le tarbhealaigh a thógáil. Tógadh tarbhealach ag An Inse (c. 1850) leis an bóthar iarainn a iompar transa na hAiní; ghlac droichead iarainn múnla áit an bhundroichid adhmaid ar ball.

*(f. 56)*
**TEACH SOLAIS DHROICHEAD ÁTHA THOIR**
**(c. 1880)**

Is cuid de ghrúpa é an teach solais seo, leis an dá theach coibhneasach solais áitiúil. Is cuid é chomh maith, le foirgnimh slándála mhara eile sa dúiche, de rangú níos leithne, amhail na rabhcháin agus iartheach na mbád tarrthála.

*(f. 57)*
**STÁISIÚN IARNRÓID**
**An Inse**
**(c. 1847)**

Is cuid de bhailiúchán tábhachtach ailtireachta san Inse é an stáisiún seo, i dteannta leis an droichead coisithe agus teach mháistir an stáisiúin. Is díol speisialta spéise é an stáisiún, atá tógtha as adhmad. Déanann na sonraí adhmaid aithris ar an sonraíocht atá le fáil go hiondúil sna foirgnimh chloiche iarnróid, le frámaí timpeallaithe agus tródam.

*(f. 58)*
**ÓSTÁN ALVERNO**
**An Inse**
**(c. 1850)**

Taispeánann an cárta poist seo, atá ann ó c. 1910, an fhoireann lasmuigh d'Óstán Alverno.

*Le caoinchead Chartlann Ailtireachta na hÉireann.*

**STÁISIÚN TRÆNACH BHAILE ÁTHA BUÍ**
**(c. 1864)**

Chuaigh an líne ó Baile Átha Buí go Baile Átha Cliath, faoi stiúir an Midland and Great Western Railway. Osclaíodh é i 1864 ags dúnadh go hoifigiúil é i 1957.

*Le caoinchead Leabharlann na hÉireann.*

**UISCERIAN NA BÓINNE (c. 1850)**

Comhlánaíonn an droichead ilstuach iarnróid Uiscerian na Bóinne atá cóngarach dó, go drámata. Is gné shuntasach den droichead iarnróid an tsaoirseacht chloiche, fhad is cumann an aolchloch eisléire le héadan carraige éagsúlachtaí fabraice. Faightear siméadracht thaithneamhach ó na corra uisce droichid, le sruth agus in aghaidh srutha araon.

Rinne tógáil an bhóthair iarainn modh cumarsáide tapaidh agus iontaobhach idir na bailte agus na cathracha a sholáthar, agus bhrostaigh sé forbairt chóras poist na hÉireann. Réitigh an bóthar iarainn an bealach do bhunú na mbailte saoire feadh an chósta thiar, a bhí ag riaradh do na mórláithreáin cathrach i mBaile Átha Cliath agus Droichead Átha. Tá traidisiún fada mar bhailte saoire cois farraige go smior ag Baile na mBiatach agus ag An Inse, agus léirítear an saintréith sin sna sraitheanna breátha tithe le fuinneoga bá feadh an chladaigh.

Aineoinn forbairt na mbailte agus na trádála, d'fhan an fheirmeoireacht mar an phríomh-shlí bheatha sa Mhí ar fud an chéid. Bhí an mhuintir feirmeoireachta roinnte go hingearach, ag síneadh ón tiarna talún anuas go dtí an saothraí talún, agus bhi na deighiltí seo le haithint sna socraithe tithíochta faoin tuath. Chónaigh an tiarna talún, a bhí ina shuí ag barr na pirimide sóisialta, i dteach maorga tuaithe a bhí deartha ag ailtire, de ghnáth le sraith stáblaí, tithe amuigh agus foirgnimh eile a bhí gaolmhar leis an dúiche agus suite i dtailte an tí. Athchóirítí an teach go minic, amhail Caisleán Dhún Samhnaí atá ann ón dara céad déag, thar na céadta bliain, ag léiriú na hathruithe a bhí ag teacht ar dhearcadh agus riachtanais na n-úinéirí *(f. 59)*.

*(f. 59)*
**CAISLEÁN DHÚN SAMHNAÍ**
**Dún Samhnaí**
**(c. 1780)**

Tá go leor dá fhabraic mheánaoiseach fós ag Dún Samhnaí, d'ainneoin gur athchóiríodh agus gur cuireadh leis go minic le hocht gcéad anuas. Athdhealbhaíodh an caisleán i mblianta deireanacha an ochtú céad déag agus i lár an naoú céad déag agus léiríonn sé mórán tréithe na dtréimhsí sin. Cuireann struchtúir choibhneasacha na diméine, na tithe amuigh, na lóistí geata agus teachíní na n-oibrithe eastáit, go mór le suíomh agus le timpeallacht an chaisleáin.

**LÓISTE IONTRÁLA**
**Diméin Loch Craobh**
**(c. 1830)**

Déanann an lóiste geata le colúnáid Dhórach, a dhearaigh Charles Robert Cockerell (1788–1863), bealach maorga isteach. Tá na fuinneoga adhmaid saise, an tsaoirseacht eisléire agus na díonta slinne caomhnaithe go maith. Ar na structúir diméine eile a tháinig slán, tá an cholúnáid Iónach, tithe na n-oibrithe, an eaglais, na stáblaí, an reilig agus na lóistí geata, san áireamh.

**TEACH LOCH CRAOBH**

Taispeántar an damáiste mór a deineadh sa dóiteán 1888 sa radharc seo ar an teach. Tógadh an teach c.1823 do chlann Naper le dearraí de chuid Charles Robert Cockerell. Leagadh an teach ina dhiaidh sin i 1968. Tá an cholúnáid ath-thógtha agus seasann sé anois mar struchtúr baoise sa tírdhreach.

*Le caoinchead Chartlann Airltireachta na hÉireann.*

**OIFIG AN PHOIST**
**Crosbhhóthar Dhún Samhnaí**
**(c. 1840)**

Tá an dearadh agus an tsonraíocht ailtireachta le haithint ar an láthair i gcuma agus i gcur chun críche sheanoifig an phoist. Is cuid de ghrúpa tithe a thóg Eastát Dhún Samhnaí ag an gcrosbhóthar seo i lár an naoú céad déag.

**TEACH BHAINISEOIR AN EASTÁIT**
**Caisleán Dhún Samhnaí, Dún Samhnaí**
**(c. 1900)**

Áirítear seantheach seo bhainisteoir an eastáit i measc na struchtúr atá bainteach leis an diméin, i dtailte Chaisleán Dhún Samhnaí. Is iad na stáblaí, an eaglais agus na lóistí geata na codanna eile den leagan amach.

Bheadh sé de ghustal ag an bhfeirmeoir mór teach, a bhí deartha go foirmiúil, a cheannach. Tógadh a leithéid de thithe ar fud na tíre, go minic le doras lárnach le ceann cuarach agus dhá shimné i lár an dín. Seasann go leor díobh, a bhi tógtha go daingean d'ábhar buan cloiche agus rindreáilte faoi dhíon slinne, fós inniu. Is sampla maith é Teach Chrosdroim (c. 1800) ***(f. 60)***. Tá mionsonraí na gcolbhaí fuinneoige le fáil chomh maith i gcolbha dorais i gceann de na tithe amuigh. Cuireann an aithris a dhéanann na tithe amuigh ar dhearadh an tí mhóir in iúl gur cás leis na húinéirí an phleanáil agus an æstéitic i gcodarsnacht le spiorad feidhmiúil na bhfoirgneamh dúchasach ***(f. 61, 62, 63)***.

*(f. 60)*
**TEACH CHROSDROIM UACHTARACH**
**Sruthán an Mhuilinn**
**(c. 1800)**

Is dea-shampla é Teach Chrosdroim Uachtarach d'altireacht dhúchasach na hÉireann sa tréimhse sin. Tá a bhunchuma agus an-chuid dá ghnéithe bunaigh fós ag an dteach scoite seo. Is díol speisialta spéise é an fráma breá dorais.

*(f. 61)*
**TITHE AMUIGH**
**Crosdroim Uachtarach, Sruthán an Mhuilinn (c. 1810)**

Tá suntas ar leith ag baint le cuma ailtireachta, le hábhair agus le sonraíocht na dtithe amuigh seo. Is gné neamhchoitianta é ainm an tógálaí bheith inscríofa ar an stua caráiste.

*(f. 62)*
**TITHE AMUIGH**
**Crosdroim Uachtarach, Sruthán an Mhuilinn**

Sonra den stua caráiste leis an litreoireacht: 'P.Wilson Builder'.

*(f. 63)*
**TITHE AMUIGH**
**Crosdroim Uachtarach, Sruthán an Mhuilinn**

Litreoireacht aírse caráiste.

*(f. 64)*
**TITHE AMUIGH**
**Baile Dhroiminn**
**(c. 1820)**

Cuireann na tithe amuigh seo go mór ar bhealach dearfach le suíomh an tí ceann tuí. Is sampla maith é de nós dúchasach an hÉireann cruth na dtithe amuigh agus a gcóngaracht don mhór-theach.

*(f. 65)*
**TEACHÍN**
**Steach Luíne**

Achoimríonn na hiarsmaí ag Steach Luíne an teach ceann tuí aon-urláir cloiche le ballai dóibe ón naoú céad déag.

*Le caoinchead Tom Byrne.*

*(f. 66)*
**TEACHÍN**
**An Mullach Rua**

Tá teachín seo an fheirmeora bhig ar cheann amháin den bheagán foirgneamh dúchasach i gCasadh na Bóinne ina mhaireann duine fós.

*Le caoinhchead Geraldine Stout.*

Chónaigh na feirmeoirí beaga, a d'éirgh i bhfad níos líonmhaire ag deireadh an naoú céad déag, i dtithe dúchasacha feirme le haon-urlár nó dhá-urlár, agus de ghnáth bhíodh tithe amuigh agus clós ag dul leo. Is féidir 'dúchasach' a thabhairt ar na foirgnimh de bhrí gurb iad riachtanais shlí bheatha na tuaithe a shocraigh an leagan amach agus an dóigh gur baineadh úsáid as an spás. Ballaí cloiche agus dóibe, agus ceann tuí is mó a bhí acu. Uaireanta úsáidtí iarann iomaireach nó slinn in áit na tuí ar ball, i ngeall ar an costas ard a bhí ar chothú na tuí. Tá dea-shampla den chineál tithe feirme seo le fáil ag Baile an Chaisleáin (c. 1880), teach aon-urlár tri-bhá scoite le ballaí cloiche agus dóibe. Síneann tithe dóibe amuigh cliathánach le beanna an tí chun an clós a chruthú. Mar an gcéanna, ag Baile Dhroiminn (c. 1820) seasann an teach cónaithe ceann tuí idir dhá theach amuigh a bhfuil díonta iomaireacha crochta agus ballaí cloiche, conamair acu ***(f. 64)***. Tá cuma na dtithe amuigh agus a bhfoisceacht don teach cónaithe, de reir cineáil i dtraidisiún na feirmeoireachta in Éirinn.

Chónaigh na saothraithe gan talamh i dteachíní beaga dóibe agus tuí. Bhain dearadh an-bhunúsach, feidhmiúil leo. De reir cineáil, sheas an tinteán i líne díreach leis an doras isteach, ach scoite uaidh ag spiara gloine a choinnigh seoidirí ón dtinteán. Ba ghnáth-radharc iad na teachíní seo san dúiche tuaithe — ba shaothraithe iad seachtó-sé faoin gcéad de dhaonra an chontæ le linn an naoú céad déag — bhí an claonadh sna teachíní seo dul go tapaidh chun raice agus imeacht as radharc sa taobh tíre. Tá fíor-bheagán sampla le fáil sa Mhí anois, cé go bhfuil roinnt iarsmaí le feiceáil ag Steach Luíne ***(f. 65)*** agus ag Mullach Rua ***(f. 66)***.

**CEANANNAS**
**(c. 1900)**

Radharc ar Shráid Cannon ag casadh an chéid. Tabhair faoi deara na tithe dhá-urlár ceann tuí ar thaobh na láimhe deise den ghriangraf seo ó Bhailiúchán Lawrence.

*Le caoinchead Leabharlann Náisiúnta na hÉireann.*

# An Fichiú hAois

Chonaic an fichiú céad Cogagh na Saoirse, an Cogadh Cathardha, an dá Chogadh Domhanda, marbhántacht leanúnach eacnamúil agus an oll-eisimirce. Níor oir na heachtraí seo d'athnuachan nó forbairt na hailtireachta, cibé i gContæ na Mí nó in Éirinn ina iomláine. Ó bhunú an tSaorstáit i 1922 aníos go dtí an borradh tobann a tháinig leis an saibhreas geilleagrach ag deireadh an fhichiú céad, bhí cúrsaí tógála dírithe don chuid is mó ar chonas na drocháiseanna tithíochta, oideachais agus caitheamh aimsire a fheabhsú.

Bhí tionchar mór ag an Athbheochan Cheilteach, a bhí ina páirt de ghluaiseachtaí um Fhéin-Riail agus na saoirse, ar na healaíona ornáideacha agus ar an litríocht. San ailtireacht, áfach, chloígh sé don chuid is mó leis an tógáil eaglasta agus le suaitheantais uaigheanna. Bhí éifeacht mhór ag na heaglaisí Gæl-Rómhánacha, crosa arda agus lámhdhéantúsáin Cheilteacha ar a bhfoirgnimh siúd. Is sampla luath é an clogthúr atá ann ó bhlianta deireanacha an ochtú céad déag (c. 1770–1790) ag Baile Shláine, lena bharr aisteach cíoma agus caolfhuinneoga arda ***(f. 67, 68)***. Bhí sé bunaithe ar na cloigthithe sna mainistreacha luathmheánaoiseacha, agus tá an t-iomrá leis gurb é an chéad chlogthúr a tógadh ag eaglais Chaitliceach sa deoise ón Reifirméisean i leith. Tá móitífeanna ón Athbheochan Cheilteach (c. 1902) le feiscint sa mhósáic ar an stua saingil in Eaglais Chaitliceach Naomh Pádraig, Baile Átha Troim, a bhaineann leis an Athbheochan Ghotach. Tá crosa arda deashnoite Ceilteacha le dearraí crosacha agus múnlaí téide, a dhúisíonn spiorad ón anallód, le feiceáil ag An Seanchaisleán (c. 1895) agus ag an-chuid reiligí eile ar fud an chontæ.

*(f. 67)*
**EAGLAIS CHAITLICEACH RÓMHÁNACH NAOMH PÁDRAIG**
**Sráid Phádraig, Baile Shláine**
**(c. 1780)**

Fágann scála agus cuma an chlogáis seo, a léiríonn stua biorach mar chlúdach neamhchoitianta, gur gné shuntasach den sráidbhaile é. Cothromaíonn an clogás Eaglais Naomh Pádraig, agus míngheataí agus railli na láithreach.

*(f. 68)*
**EAGLAIS CHAITLICEACH RÓMHÁNACH NAOMH PÁDRAIG**
**Sráid Phádraig, Baile Shláine**

Sonra de na ráillí atá déanta as iarann teilgthe os comhair Eaglais Naomh Pádraig amach, Baile Shláine.

**EAGLAIS CHAITLICEACH RÓMHÁNACH NAOMH MUIRE**
**Maigh nEalta**
**(c. 1907)**

Leagann bun agus tacaí aolchloiche le héadan carraige béim ar dhaingne an cholgáis seo. Tá sonraíocht ealaíonta le feiceáil sa chirín iomaireach déanta as iarainn teilgthe agus sna crosa. Is cloigín struchtúr coibhneasach Caitliceach Rómhánach i Maigh nEalta iad an clogás, an eaglais agus teach an pharóiste.

Níorbh í an Athbheochan Cheilteach an t-aon tionchar a bhí ag feidhmiú ag an am. Bhí tóir ar stíl na hAthbheochana Tudoraí a d'úsáid Laurence Aloysius McDonnell (d.1925), ailtire, do Bhanc na hÉireann (1909), Baile Átha Troim ***(f. 69, 70)***. Tógtha le brící dearga, tá fuinneoga troma muilleanacha le colbha dea-shnoite dorais agus thardhoras gaineamhchloiche, ag an banc.

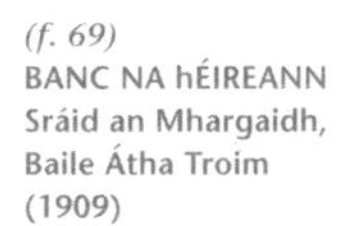

*(f. 69)*
**BANC NA hÉIREANN**
**Sráid an Mhargaidh, Baile Átha Troim (1909)**

Léiríonn Banc na hÉireann, a dhearaigh Laurence Aloysius McDonnell, sonraíocht, cuma ailtireachta agus cumasc ábhar atá sainiúil i mBaile Átha Troim.

*(f. 70)*
**BANC NA hÉIREANN**
**Sráid an Mhargaidh, Baile Átha Troim**

Cnagaire dorais ag Banc na hÉireann i mBaile Átha Troim.

Le linn blianta deireanacha riail na Breataine, tógadh oifig bhreá an phoist sa Cheanannas (c. 1910) lena aghaidh taibhseach agus suntasach de bhrící dearga agus chloch eisléire ***(f. 71)***. Seasann an foirgneamh trí-bhá dháurlár seo ag deireadh sraithe agus ba é Bord na n-Oibreacha a thóg é, a dtugtar Oifig na n-Oibreacha Poiblí inniu air, atá freagrach as oifigí poist ó 1856 i leith. Ar an tairseach laistigh den doras cúlaithe tá mósáic le monagram den rí Edward V11 (1841–1910) a bhí i réim ó 1901 go 1910, le feiceáil. Tar éis bhúnú Saorstát na hÉireann i 1922 péinteáladh na boscaí dearga poist lena suaitheantais ríoga, glas chun an neamhspleáchas a fhógairt. Is annamh a fheictear luathshamplaí de struchtúir poist anois, de bhrí go bhfuil a n-áiteanna á ghlacadh go minic ag foirgnimh chomhaimseartha. Is féidir dhá bosca poist (c. 1905), tógtha i mballaí cloiche, a fháil ag Ceanannas agus Baile na mBiatach ***(f. 72)***. Tá na boscaí poist déanta d'iarann múnla agus tá cinnlitreacha Edward V11 leo; tá na cinnlitreacha crosacha ar an mbosca ag Baile na mBiatach go speisialta breá.

*(f. 71)*
**OIFIG AN PHOIST, CEANANNAS**
**Sráid Ó Fearghail, Ceanannas**
(c. 1910)

Cuireann Oifig an Phoist, Ceannanas, atá ina shampla maith den dearadh ailtireachta ag casadh an fhichiú céad, go beoga leis an sráidhreach.

**BOSCA TEILEAFÓIN**
**Maigh nEalta**
(c. 1950)

Is gné thábhachtach é i sráidhreach Mhaigh nEalta an sampla coincréite seo, a léiríonn caipín múnlaithe coincréite, doras agus painéil ghlónraithe.

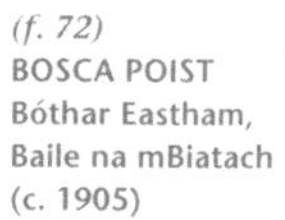

*(f. 72)*
**BOSCA POIST**
**Bóthar Eastham,**
**Baile na mBiatach**
**(c. 1905)**

Is aguisín é atá beag ach tarraingteach an bosca poist déanta as iarann teilgthe leis an sráidhreach i mBaile n mBiatach. Léiríonn a chuma inaitheanta agus a shonraí simplí caighdeán ealaíonta an ollthái rgthe tráth a theilgthe.

**DÚNÁN**
**An Seandroichead,**
**Baile Shláine**
**(c. 1940)**

Seo ceann d'ocht dúnán coincréite sa Seandroichead a tógadh le linn 'na héigeandála' cois Abhainn na Boínne.

*Le caoinchead Geraldine Stout.*

*(f. 73)*
**SCOIL MHUIRE**
**Maigh nEalta**
(c. 1937)

Tá tionchair nua-aimseartha le sonrú i gcothrománacht láidir na ndíonta cothroma agus sa tródam leanúnach. Tá go leor de na gnéithe agus de na hábhair bhunaigh fós ag an scoil: fuinneoga saise adhmaid, an phlaic dáta, an scáthlán coincréite agus na geataí cruaiche.

*(f. 74)*
**CEARDSCOIL NAOMH SÉAMAS**
**Baile Átha Buí**
(c. 1950)

Is sampla maith é Ceardscoil Naomh Séamas de dhearadh, d'ábhair agus de theicnící tógála i lár an fhichiú céad.

Thug an stát nua tosaíocht ar leith don oideachas. Tógadh an-chuid scoileanna nua ar fud an chontæ. Deineadh pleananna de réir an chaighdeáin a sholáthar agus ansin cuireadh iad in oiriúint do láithreáin ar leith. Tugadh aird ar thionchar na ndearraí comhaimseartha agus ansin cumadh cineál nua atá geall le bheith dúchasach. Tá siad leagtha amach mar bhloic seomraí ranga atá ard, cros-æraithe agus lasta go nádúrtha le dorchlaí, faoi dhíon mín chun tosaigh, do na leithris, seomraí cóta agus áiseanna teagmhasacha. Cuirtear treise le cothrománacht thréan an dorchla ag Scoil Náisiúnta Mhaigh nEalta (c. 1940) ag banda leanúnach a ritheann trasna an fhoirgnimh faoi na bhfuinneoga ***(f. 73)***. Tá sé rindreáilte le smearadh méarógach agus péinteáilte bán. Leanadh leis ag baint úsáide as an dearadh caighdeánach do na scoileanna náisiúnta aníos go dtí na 1950aidí.

Dearadh éagsúil atá le sonrú ag Ceardscoil Cheanannais (c. 1930) agus Scoil na gCeard (c. 1935), Baile Átha Troim. Comhaimseartha leis an scoil ag Maigh nEalta, tá siad éagsúil leis ó thaobh na foirme agus na stíle de. Is bloic dhá-urlár, shiméidreacha iad araon le buntomhais shuntasacha. San áit, áfach, go mbronnann na fuinneoga cruaiche, na headar-phainéil rindreáilte agus an t-easpa ornáideachais blas feidhmiúil na fichiú aoise ar an scoil ag Baile Átha Troim, i gcodarsnacht le sin léiríonn an scoil ag Ceanannas tagairtí Clasaiceacha, le peidiméid nochtaithe agus piléir balla ag an mbealach isteach. Seachnaíonn an scoil a tógadh níos déanaí i mBaile Átha Buí, Ceardscoil Naomh Séamas (c. 1950) an fhoirmiúlacht sách righin atá ag Ceanannas agus Baile Átha Troim agus leanann sé i dtraidisiún na scoile aon-urlár, le blas níos comhaimseartha ag baint leis ***(f. 74)***. Tá a líne fada cothrománach siúntaithe le bandaí gearra fuinneog atá suite idir tacaí a roinneann an aghaidh go géar le líon bánna atá léirithe go glinn.

Ainneoin an iliomad dea-thithe a tógadh tríd an chontæ, d'fhulaing formhór an daonra an drochthithíocht. Ghlac an Stat, i dtreo deireadh an naoú céad déag, bealach na rialtas áitiúil, freagracht chuige féin as tithíocht shóisialta i gceantair tuaithe a thógáil. Tógadh teachíní i ndornáin bheaga, a raibh gairdín beag 0.2 heachtár ag dul le gach ceann acu . Ceann amháin de cheithre theach i ndornán, is struchtúr aon-urlár é Colpa (c. 1930), Bóthar Domhnach Cearna, le póirse beag starrógach *(f. 75)*. De ghnáth faightear an dóigh neamh-choitianta thrípháirteach ina roinntear dhá cheann den trí fhuinneog tosaigh i bhfoirgnimh níos maorga. Tá líon tithe ag Baile Átha Troim agus Ceanannas, a tógadh i sraitheanna le dear-raí atá símplí ach éifeachtach de réir cineáil — cineál na tithíochta baile a bhí ann ó luathbh-lianta an chéid: an cineál neamhphostúil. Léiríonn an sraith tithe bríce, atá péinteáilte anois, ar Shráid Agard (c. 1910) Baile Átha Troim agus siúntaithe go dána le mionsonraí tródaim os cionn na ndoirse agus na bhfuinneog talún. Tá rindreáil línithe ag na tithe ar Shráid Mauldin (c. 1910), Ceanannas. Tá na tithe príobháideacha (c. 1930) ag Cnoc an Línsigh *(f. 76)* agus Baile Shláine ina sampla den tithíocht don mheánaicme nua a bhí ag teacht chun tosaigh; is saghas é an bungaló bríce ag Baile Shláine a fhaightear i mbailte agus i mbru-achbhailte cathrach ar fud na tíre.

*(f. 75)*
**TEACH**
**Bóthar Domhnach Cearna, Colpa**
**(c. 1930)**

Tá an-chuid de na gnéithe bunaigh ag an teachín seo, atá ina eiseamláir shlán den chineál tithe a thóg na húdaráis áitiúla ar fud na Mí i mblianta tosaigh an fhichiú céad, fuinneoga saise, doras adhmaid daingnithe le bráicíní, agus sonraiocht rindreáilte.

*(f. 76)*
**TEACH**
**Cnoc an Línsigh**
**(c. 1930)**

Is aguisín spéisiúil le sráidhreach Chnoc an Línsigh, a bhaineann go bunúsach leis an naoú céad déag, é an teach seo a bhfuil fuinneoga saise adhmaid, cinn aonair agus i bpéirí, agus póirse iontrála le díon cothrom fós aige.

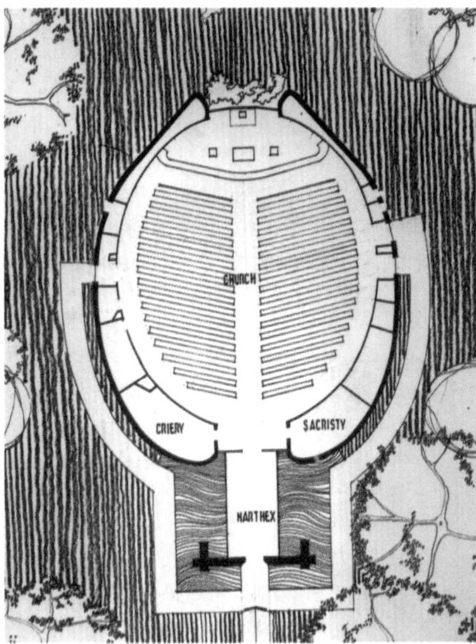


*(f. 77)*
**EAGLAIS AN CHROÍ RÓ-NAOFA**
**An Inse**
**(c. 1975)**

Leagadh an ealgais a sheas ar an láthair seo ó thús sna 1970aidí agus a bhí ann ó bhlianta deireanacha an naoú céad déag. Coimeádadh ardú binne na heaglaise bunaidh agus tá seo curtha isteach sa cheann a ghlac a háit.

*(f. 78)*
**EAGLAIS AN CHROÍ RÓ-NAOFA**
**An Inse**

Plean eaglaise.

*Le caoinchead Chartlann Ailtireachta na hÉireann.*

Ba leasc leis an ailtireacht eaglasta dearadh nua-aimseartha a ghlacadh chuici féin, agus cé go raibh eisceachtaí áirithe ann, níor feiceadh an ailtireacht leithleach go dtí na 1970aidí. Tógadh eaglaisí géara, maorga mar Eaglais Chaitliceach Naomh Colmchille (1958), Ceannanas, chun freastal ar phobal mór le linn tréimhse chrua eacnamúil. Ainneoin gur bhain siad úsáid as ábhair agus teicnící nua tógála, fós chloíodar le plean agus foirm iomlán a bhí faiseanta in eaglaisí an naoú céad déag. Baineann eaglais Naomh Colmcille macalla as na línte i Séipéal an Choláiste (1956), Baile Mhic Ghormáin, a tógadh beagáinín roimhe sin, cé go mbronnann an aghaidh cloiche agus an carchlós ollmhór blas níos troime air.

Cibé scéal é, athraíodh an dearcadh idirnáisiúnta i leith na hailtireachta agus na pleanála eaglasta tar éis na n-athruithe liotrúirgeacha a mhol an Dara Comhairle Vatacáine (1962–65). Chuaigh fiontair ailtireachta thar lear, go háirithe an eaglais oilithreachta, Notre Dame ag Ronchamp sa bhFrainc (1950–54) le Le Corbusier (1887–1966) i bhfeidhm ar ghlúin úrnua ailtirí. Dhearaigh Liam McCormick (1916–1996) an séipéal nua-aoiseach Eaglais An Croí Ró-naofa ag An Inse (1975) a chuimsíonn an aghaidh binne atá ann ón eaglais de chuid an naoú céad déag ***(f. 77, 78)***. Trén oscailt bhiorach san éadan bunaidh bríce isteach, téann pasáiste gloineach go dtí an foirgneamh ciorclach lena bhallaí bána garbhtheilgthe rindreáilte laistigh. Roinneann sé le Ronchamp díon 'saor' mar is féidir líne solais læ a fheiceáil idir an díon agus na ballaí, chomh maith leis an dóigh ina bhfuil na ballaí tollta ag oscailtí randamacha, más fíor.

*(f. 79)*
**CÚIRT LIATHRÓID LÁIMHE**
**Coláiste Bhaile Mhic Ghormáin,**
**Baile Mhic Ghormáin**
**(c. 1950)**

Tá cruth maith fós ar an dá chúirt liathróid láimhe i dtailte Choláiste Bhaile Mhic Ghormáin, agus tá nuacht le sonrú sa leagan amach atá ag na cúirteanna liathróid láimhe, an seomra fearais agus an t-umar uisce.

Chomh maith leis an tógáil riachtanach, dob é borradh an chaithimh aimsire ba chúis leis an fhorbairt a tharla i gcineálacha nua tógála, amhail pictiúrlanna, garáistí agus áiseanna eile. Bunaíodh an Cumann Lúthchleas Gæl (CLG) i 1884 chun athbheochan an spóirt traidisiúnta a spreagadh. Le fás an spóirt eagraithe ag an am cuireadh cluichí i gcód agus ceapadh dreamanna stiúrtha. Ghlac fás an CLG a pháirt féin san 'náisiúnachas nua' sa chuid tosaigh den chéad. Bhí áit thábhachtach ag an gcúirt liathróid láimhe áitiúil, ní amháin mar láthair spóirt ach mar ionad cruinnithe ag muintir na háite chomh maith. Cé go bhfuil go leor acu tar éis bheith ligthe i léig agus dulta chun raice, tá fós cuma maith ar an gcúirt ag Droim Conrach (c. 1900). Seasann dhá chúirt slán i gcónaí ag Coláiste Bhaile Mhic Ghormáin (c. 1950) ***(f. 79)***. Tugann an t-umar uisce coincréite ochtagánach, a sheasann go bagrach os a gcionn, blas osréalach don struchtúr aisteach seo. De ghnáth bhíodh na cúirteanna rindreáilte agus thógtaí iad le hardbhalla amháin ingearach ag an bun le ballaí taoibhe. Ainneoin go bhfuil siad ar an mbeagán cineálacha tógála atá le fáil in Éirinn amháin, agus gur cuid tábhachtach iad dár n-oidhreacht ailtireachta, fós is beag aitheantas a thugtar dóibh go hiondúil.

Caitheamh aimsire eile a raibh an-ghnaoi ag muintir na hÉireann air , sar a bhain an fhrith-tharraingt, an teilifíís, an barr de sna 1960aidí, ab ea an cineama. San áit go mbíodh scannáin á

(*f. 80*)
**GARÁISTE**
**Sráid Cannon, Ceanannas**
(c. 1940)

Léiríonn an seangharáiste céimneach seo ar a bhfuil éadan beannach, agus atá de réir chineál na ngaráistí a tógadh sa tréimhse seo in Éirinn, dearadh simplí agus feidhmiúil. Poncaíonn an foirgneamh dea-dheartha seo ón bhfichiú céad an sráidhreach a tógadh go príomha san naoú céad déag.

dtaispeáint i hallaí áitiúla, bhí pictiúrlanna a tógadh d'aonghnó le fáil in an-chuid bailte. Dáiríre, is minic nach raibh sna foirgnimh seo ach seomra bunúsach dronuilleogach le héadan simplí nua-aimseartha plástráilte. Is sampla maith den saghas a bhí ann i lár an chéid an sean-Castle Cinema (c. 1940), An Seanchaisleán. Ina bhealach neamhphostúil féin, tá sé ina sampla maith den saghas ailtireacht pictiúrlainne sa tréimhse sin, agus níl na himlínte cuaracha aige atá chomh follasach sin ag an sean-Lyric Cinema, An Uaimh. Tá dhá dhoras le caipisín coincréite os a gcionn ag an mbloc ciúbach tosaigh atá lom agus rindreáilte, a bhfuil sraith ghairid de thrí fhuinneog bheag le leac leanúnach a shoilsíonn both an teilgeora os a gcionn sin.

De réir mar a chuaigh líon na dtiománaithe gluaisteán i méid ó na 1940aidí i leith, tógadh breis garáistí le peitreal a reic agus le freastail ar fheithicilí. Bíodh gur foirgnimh shimplí a dhóthain bhí iontu de réir gnáis, caithfidh gur fhógair a n-æstéitic nua-aimseartha cuid den cheannródaíocht bhríomhair a bhí ag an modh nua iompair seo lena linn. Ainneoin go bhfuil an pheidiméid íseal-chrochta Chlasaiceach atá tacaithe ag piléir balla fós ag Tuites (c. 1940) Sráid an Chábháin, An Seanchaisleán, tá blas nua-aimseartha ag baint lena línte cothrománacha simplí. Maidir leis an garáiste ar Shráid Cannon (c. 1940), Ceanannas, a úsáidtear anois mar aonad trádála, is struchtúr dhá-urlar níos dainge é le tródam tréan faoi fhuinneoga an chéid urláir agus an bhinn chéimnithe atá de réir cineál na tógála garáiste ***(f. 80)***.

Is minic na húdaráis phoiblí chun tosaigh i gcoimisiúnú foirgneamh nua. Léiríonn an dá stáisiún dóiteáin a thóg Comhairle Chontæ na Mí ag An Obair (c. 1970) agus ins An Seanchaisleán (c. 1985) gur fhéach siad chuige foirgnimh den scoth a thógáil fiú nuair a bhí gantanas airgid ann. Cé go bhfuil an stáisiún san Obair simplí, feidhmiúil agus geall le bheith tíriúil fós tá aghaidh bríce agus fuinneoga atá siúntaithe go dána ag an bhfoirgneamh íseal atá éadan-bheannach. Sa stáisiún dóiteáin a tógadh níos déanaí ins An Seanchaisleán, níl an siméidreacht le fáil anois agus tá an foirgneamh siúntaithe ina dhá chuid: an sciathán riaracháin le héadan bríce agus garáiste cúlaithe faoi steancadh méaróg don bhriogáid dóiteáin.

Nios déanaí, chuir Comhairle Chontæ na Mí tús le tionscnamh uaillmhianach le hoifigí nua dúiche ar fud an chontæ a fhorbairt. Is é atá in Oifigí Cathartha Dhún Seachlainn (2001), a dhearaigh Ailtirí Grafton, ná oifigí agus seomra cruinnithe na comhairle. Tagraítear san lua don ghradam a bhronn Institúid Ríoga Ailitirí na hÉireann don 'dóigh oilte a bhain siad úsáid as an toirt agus an solas le hábhair atá aimhréidh agus geall le bheith manachúil chun an daonlathas agus an tseirbhís áitiúil a léiriú'.

# Críoch

**IONAD CUAIRTEORA BHRÚ NA BÓINNE**
**Dún Uabhair**
**(1997)**

Is bealach isteach an t-ionad seo chuig an Láthair Oidhreachta Dhomanda. Tá sé i bhfad ó na séad-chomharthaí agus cothaíonn sé blas tuaithe Chasadh na Bóinne.

*Le caoinchead Geraldine Stout.*

Chruthaigh an saibhreas geilleagrach le déanai fadhbanna nua don oidhreacht ailtireachta. Fágann an t-éileamh mór ar thithe nua de gach cineál go bhfuil sé níos éasca dearmad a dhéanamh ar ár n-oidhreacht de réir mar a leagtar seanstruchtúir le tithe nua a thógáil. Mar sin féin, tugtar an deis úsáid nua a bhaint as roinnt tithe breátha atá folamh. Tá athchóiriú déanta ar mhuillte, eaglaisí agus teachíní. Tá teampall Eaglais na hÉireann ó thosach an naoú céad déag at Teamhair athchóirithe go báúil mar ionad cuairteoirí do Chnoc Teamharach. Tá na healaíona traidisiúnta, amhail an tuídóireacht i réim arís. Nil sé iomlán áiféiseach a thuilleadh bheith ag súil go n-athosclófar bóithre iarainn a tógadh san naoú céad déag agus a dúnadh san fichiú aois, san am romhainn le freastal ar éilimh an chórais chomhaimseartha iompair. Tig le go leor seanteach ról úsáideach a ghlacadh fós i saol an læ inniu, agus is díol dóchais an dóigh go bhfuil an tuiscint don ghá atá le caomhnú agus cosaint ár n-oidhreacht ailtireachta, ag dul i méid.

Is ionann an seanailtireacht agus oidhreacht an læ inniu agus ní miste iarracht a dhéanamh len í a caomhnú. Mar an gcéanna, fágfaidh ailtireacht na linne seo oidhreacht ar na glúinte amach anseo. Conas is féidir linn tithe comhaimseartha a thógáil go rathúil i mbaile stairiúil agus i ndúichí tuaithe gan ghnéithe dár n-oidhreacht a scrios? Beidh an cheist seo i gcónaí ina cnámh spairne. Mar sin féin, is féidir linn agus ní miste dúinn na dea-shamplaí den oidhreacht thógtha atá faighte againn a chosaint, mar is gné riachtanach iad de chultúr an chontæ.

# Tuilleadh Léitheoireachta


Aalen, F.H.A., Whelan, Kevin and Stout, Mathew (eds)
***Atlas of the Irish Rural Landscape,***
Cork: Cork University Press, 1997).

Bence-Jones, Mark,
***A Guide to Irish Country Houses***
(London: Constable, 1988).

Casey, Christine and Alistair Rowan,
***North Leinster, The counties of Longford, Louth, Meath and Westmeath*** (Harmondsworth: Penguin Books, 1993).

Connolly, Seán J., Oxford
***Companion to Irish History,***
2nd edn (Oxford: Oxford Architectural Press, 2002).

Craig, Maurice,
***The Architecture of Ireland: From earliest times to 1880***
(Dublin: Lambay Books, 1982, edn. 1997).

Delany, Ruth,
'The Boyne Navigation', in
***Ireland's Inland Waterways***
(Dublin: Appletree Press, 1988), pp.42–123.

Delany, Ruth,
***Ireland's Royal Canal 1789–1992***
(Dublin: Lilliput Press, 1992).

Foster, R.F. (ed),
***Oxford Illustrated History of Ireland***
(Oxford: Oxford University Press, 1989, edn. 1991).

Graham, Brian and Proudfoot, Lindsay (eds)
***An Historical Geography of Ireland***
(London: Academic Press, 1993).

Harbison, Peter, Homan Potterton and Jeanne Sheehy,
***Irish Art and Architecture: from prehistory to the present***
(London: Thames and Hudson, 1978).

Howley, James,
***The Follies and Garden Buildings of Ireland***
(London: Yale University Press, 1993).

Lee, Joseph,
***Modernisation of Irish Society 1848 –1918***
(Dublin: Gill and Macmillan, 1979).

McCullough, Niall and Linda Mulvin,
***Lost Tradition: the nature of architecture in Ireland***
(Dublin: Gandon Editions, 1990).

McParland, Edward,
***Public Architecture in Ireland 1680–1760***
(London: Yale University Press, 2001).

Moore, Michæl (ed),
***Archæological Inventory of County Meath***
(Dublin: The Stationery Office, 1987).

Mulligan, Kevin V.,
***Buildings of Meath: A Selection of Protected Structures***
(Kells: The Fieldgate Press, 2001).

O'Keeffe, Peter and Tom Simington,
***Irish Stone Bridges: History and Heritage***
(Dublin: Irish Academic Press, 1991).

Rothery, Seán,
***A Field Guide to The Buildings of Ireland: Illustrating the Smaller Buildings of Town and Countryside***
(Dublin: Lilliput, 1997).

Shaffrey, Sean and Maura Shaffrey,
***Buildings of Irish Towns: Treasures of Everyday Architecture***
(Dublin: O'Brien Press, 1984).

Shaffrey, Sean and Maura Shaffrey,
***Irish Countryside Buildings: Everyday Architecture in Ireland: Everyday Architecture in the Rural Landscape***
(Dublin: O'Brien Press, 1985).

Sheehy, Jeanne,
'Irish church-building: popery, Puginism and the protestant ascendancy', in Chris Brooks and Andrew Saint (eds),
***The Victorian Church: Architecture and Society***
(Manchester, Manchester University Press, 1995), pp.133–150.

Simms, Angret with Katharine Simms,
***Irish Historic Towns Atlas No. 4 Kells***
(Dublin: Royal Irish Academy, 1990).

Stout, Geraldine,
***Newgrange and the Bend of the Boyne***
(Cork: Cork University Press, 2002).

Williams, Jeremy,
***A Companion Guide to Irish Architecture, 1837–1921***
(Dublin: Irish Academic Press, 1995).

# Uimhreacha Cláraithe

*Tá na struchtúir atá luaite i dtéacs an Réamhrá seo liostaithe thíos. Is féidir tuilleadh eolais a fháil ar gach struchtúr trí chuardach a dhéanamh sa 'bhrabhsálaí bhunachair sonraí NIAH' a ghabhann leis seo de réir Uimhir Chláraithe. Liostaítear na struchtúir de réir uimhir leathanaigh.*

**42** Gaol,
Castle Street, Trim
*Reg. 14328014*

**43** Former National Bank
Headfort Place,
Kells
*Reg. 14313008*

**43** National Irish Bank,
Oliver Plunkett Street,
Oldcastle
*Reg. 14306015*

**43** Bank Manager's House,
Oliver Plunkett Street,
Oldcastle
*Reg. 14306016*

**44** The Medical Hall,
Church Street, Kells
*Reg. 14313067*

**44** A. Crosby,
Farrell Street, Kells
*Reg. 14313086*

**44** Maloney's,
Chapel Street, Slane
*Reg. 14325012*

**46** Former National School
Athboy
*Reg. 14324027*

**46** Former National School,
Crossakeel
*Reg. 14312015*

**46** Ardbraccan School,
Ardbraccan Demesne
*Reg. 14402509*

**46** Trim Community College,
New Dublin Road, Trim
*Reg. 14328020*

**46** Gilson Endowed School,
Oldcastle
*Reg. 14306041*

**47** National School, Agher
*Reg. 14404809*

**47** Former school,
Headfort Place, Kells
*Reg. 14313019*

**47** Former workhouse,
Trim
*Reg. 14328013*

**47** Workhouse, Dunshaughlin
*Reg. 14404404*

**47** Former almshouses,
Netterville
*Reg. 14402006*

**49** Obelisk Bridge,
Oldcastle
*Reg. 14402005*

**49** Gate,
Wilkinstown
*Reg. 14314008*

**50** Drogheda East Lighthouse
*Reg. 14402101*

**50** Railway station, Laytown
*Reg. 14319001*

**50** Station master's house,
Laytown
*Reg. 14319002*

**50** Alverno Railway hotel,
Laytown
*Reg. 14319004*

**50** Laytown viaduct
*Reg. 14402801*

**51** Athboy railway station
*Reg. 14324029*

**52** Boyne viaduct
*Reg. 14404705*

**52** Dunsany Castle
*Reg. 14403711*

**54** Front Lodge,
Loughcrew Demesne
*Reg. 14401506*

**55** Former post office,
Dunsany Crossroads
*Reg. 14403706*

**55** Estate manager's house,
Dunsany Castle
*Reg. 14403714*

**56** Upper Crossdrum House,
Millbrook
*Reg. 14305018*

**56** Outbuildings,
Upper Crossdrum House,
Millbrook
*Reg. 14305019*

**58** Farmhouse,
Castletown
*Reg. 14310006*

**58** Farmhouse,
Dreminstown
*Reg. 14401206*

**58** Cottage, Stalleen
*Reg. 14402013*

**58** Cottage, Red Mountain
*Reg. 14402701*

**60** Saint Patrick's Roman
Catholic Church,
Patrick Street, Trim
*Reg. 14328011*

**60** Oldcastle Cemetery
*Reg. 14306035*

**60** Saint Mary's Roman
Catholic Church,
Moynalty
*Reg. 14309005*

**61** Bank of Ireland,
Market Street, Trim
*Reg. 14328032*

**62** Post office,
Farrell Street, Kells
*Reg. 14313091*

**62** Post box,
Church Street, Kells
*Reg. 14313064*

**62** Post box,
Eastham Road, Bettystown
*Reg. 14316022*

**62** Telephone box, Moynalty
*Reg. 14309012*

**63** Pillbox, Oldbridge
*14402014*

**65** Scoil Muire, Moynalty
*Reg. 14309003*

**65** Vocational School, Kells
*Reg. 14313105*

**65** Scoil na gCeard, Trim
*Reg.14328007*

**65** Saint James' Vocational School,
Athboy
*Reg. 14324023*

**66** House, Donacarney Road, Colp
*Reg. 14317003*

**66** Terrace, Haggard Street, Trim
*Reg. 14328050*

**66** Terrace, Maudlin Street, Kells
*Reg. 14313038*

**66** House, Summerhill
*Reg. 14333013*

**66** House, Main Street Lower, Slane
*Reg. 14315025*

**67** Saint Columcille's Roman
Catholic Church,
Headfort Place, Kells
*Reg. 14313023*

**67** Chapel, Gormanstown College
*Reg. 14322010*

**67** Church of the Sacred Heart,
Laytown
*Reg. 14319011*

**68** Ball alley, Drumconrath
*Reg. 14303013*

**68** Ball alley,
Gormanstown College
*Reg. 14322008*

**69** Castle Cinema,
Oliver Plunkett Street,
Oldcastle
*Reg. 14306013*

**69** Former Lyric Cinema,
Navan
*See Navan Town Survey*

**69** Tuites, Cavan Street, Oldcastle
*Reg. 14306071*

**69** Garage, Cannon Street, Kells
*Reg. 14313119*

**69** Nobber firestation
*Reg. 14302010*

**69** Oldcastle firestation
*Reg. 14306012*

**69** Civic offices, Dunshaughlin
*Reg. 14335001*

**70** Brú na Bóinne
*Reg. 14402015*

**70** Church of Ireland,
Tara
*Not included in survey*

**75** Water pump,
Chapel Street, Slane
*Reg. 14315051*

# Buíochas

**Ba mhaith leis an NIAH buíochas speisialta a chur in iúl do na daoine seo a leanas as a dtacaíocht ag ullmhú Shuirbhe Sealadach Chontæ na Mí:**

**NIAH**
Stiúrthóir Shuirbhé *Mildred Dunne*
Bainisteoir Shuirbhé *Erika Sjöberg*
Teicneoir GIS *T. J. O'Meara*
Ailtire Sinsearach *Willy Cumming*
Foireann Taca *Jenny Devine, Gareth John, Mark Keogh, Paul McNally, Damian Murphy, Flora O'Mahony, Josephine O'Neill, Brendan Pocock, Marc Ritchie agus Jean Wilson.*

**Obair Sheachtrach**
Cláraitheoirí *Architectural Recording and Research (Bronagh Lanigan, Sinead Hughes, Aislinn Collins agus Deirdre Kavanagh)*
Stiúrthóir Seachtrach *Jane Wales*

**Réamhrá**
Scríbhneoir *Patricia McCarthy, Jenny Devine agus Willy Cumming*
Eagarthóir *Hugh Maguire, Willy Cumming*
Eagarthóir cóipe *Eleanor Flegg*
Aistritheoir *Aistriúcháin Anoir*
Dearthóir *Dynamo*
Forbairt Bogearraí *Webmedia agus Bua Training*
Arna phriontáil ag *Colorprint*

*Ba mhaith le NIAH a mbuíochas a chur in iúl do na daoine go léir a thug cead isteach dóibh chun a maoine maidir le Suirbhé Sealadach Chontæ na Mí.*

*Ba mhaith freisin le NIAH a mbuíochas a chur in iúl do Chartlann Ailtireachta na hÉireann, Leabharlann Náisiúnta na hÉireann, Cumann Ríoga Ársaitheoirí na hÉireann, Carmel agus Martin Naughton, Geraldine Stout agus an Rannóg Ghrianghrafadóireachta Dúchas The Heritage Service as an dtacaíocht fhial.*

**Foinsí na Léaráidí**
Ba e Patrick Donald a chuir na grianghraif amach don NIAH, ach amháin iad seo a leanas:

*Is le Leabharlann Náisiúnta na hÉireann na híomhánna cartlainne ar leathanaigh 2, 4, 16, 27, 30, 51 agus 59 agus thug Comhairle Riartha, Leabharlann Náisiúnta na hÉireann cead cóipeanna a dhéanamh dóibh; buíochas do Carmel agus Martin Naughton as cead cóip d'íomhá Stigh Cholláin a úsáid ar leathanach 14; buíochas do Chartlann Ailtireachta na hÉireann as cead a thabhairt cóip d'íomhánna cartlainne ar leathanaigh 15, 17, 31, 51 agus 54 a úsaid; le caoinchead Dúchas The Heritage Service na híomhánna ar leathanaigh 5, 6, 7, 8 agus 35 agus le caoinchead Geraldine Stout na híomhánna ar leathanaigh 58, 63 agus 70.*

Ní miste a rá gur le húinéirí príobháideacha bunús na struchtúr sa suirbhé seo agus dá thoradh san nach bfhuil siad ar oscailt don phobal.

ISBN: 0755712609

CAIDÉAL UISCE
**Sráid an tSéipéil,**
**Baile Shláine**
**(c. 1870)**

Bronnann an caidéal atá déanta as iarainn teilgthe beocht ar shráidhreach Bhaile Shláine. Tá cuma ærach ar an uirlis fheidhmiúil seo i ngeall ar an gcloigeann leoin atá mar mhasc air, fhad is soláthraionn an teilgean domhain cuislithe na sonraí ealaíonta.

AN INTRODUCTION
TO THE ARCHITECTURAL
HERITAGE *of*

# COUNTY MEATH


*Department of the Environment*
*& Local Government*

**Dúchas** The Heritage Service

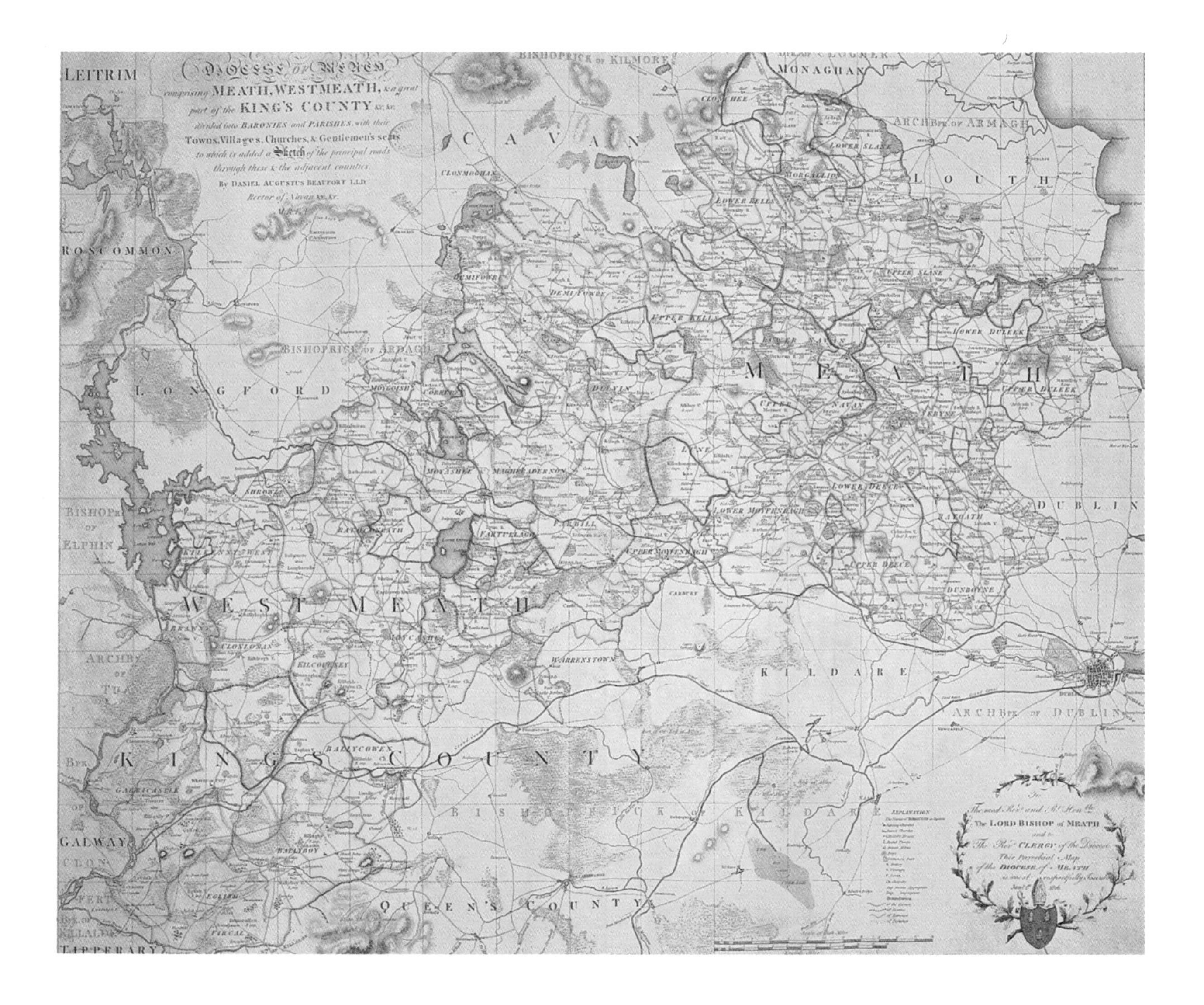
DIOCESE OF MEATH
comprising MEATH, WESTMEATH, & a great part of the KING'S COUNTY &c. &c.
divided into BARONIES and PARISHES, with their Towns, Villages, Churches, & Gentlemen's seats
to which is added a Sketch of the principal roads through these & the adjacent counties.
By DANIEL AUGUSTUS BEAUFORT LLD
Rector of Navan &c. &c.
LEITRIM
BISHOPRICK OF KILMORE
MONAGHAN
ARCHBP. OF ARMAGH
CAVAN
LOUTH
ROSCOMMON
MEATH
LONGFORD
BISHOPRICK OF ARDAGH
DUBLIN
BISHOPR OF ELPHIN
WEST MEATH
KILDARE
ARCHBP OF DUBLIN
KINGS COUNTY
BISHOPRICK OF KILDARE
GALWAY
QUEEN'S COUNTY
TIPPERARY
CLONMOGHAN
LOWER SLANE
UPPER SLANE
LOWER KELLS
UPPER KELLS
DEMI FOWRE
LOWER NAVAN
UPPER NAVAN
LOWER DULEEK
UPPER DULEEK
DELVIN
MOYGOISH
LUNE
MOYASHEL
MAGHERADERNON
LOWER DEECE
UPPER DEECE
LOWER MOYFENRAGH
UPPER MOYFENRAGH
RATOATH
DUNBOYNE
FARBILL
FARTULLAGH
RATHCONRATH
KILKENNY WEST
CLONLONAN
KILCOURSEY
MOYCASHEL
WARRENSTOWN
BALLYCOWEN
BALLYBOY
GARRICASTLE
EGLISH
FIRCAL
To The most Revd and Rt Honble The LORD BISHOP of MEATH and to The Revd CLERGY of the Diocese This Parochial Map of the DIOCESE of MEATH is most respectfully Inscribed
EXPLANATION

# Foreword

Situated in Leinster, Ireland's central province, County Meath boasts a wealth of built heritage. Once a place for the assembly and coronation of Ireland's High Kings, Meath has witnessed dramatic events over the centuries: the Battle of Boyne, the Great Famine, and the subsequent wave of emigration. In many ways, the buildings and structures of the county are the footprints that the past has left on the landscape. Through an appreciation of these, one can trace the social, political and historical development of the area. Although certain building types, especially churches and large country houses, tend to be noted for their architectural merit and significance, it is often the more modest structures that tell the story of the life, times, and culture of a county.

The NIAH County Interim Survey of County Meath is one of a series to be produced by the National Inventory of Architectural Heritage (NIAH) and broadly follows the format of the inventories of Counties Kildare and South Dublin. The NIAH is a state initiative managed by Dúchas The Heritage Service under the administration of the Department of the Environment and Local Government. It aims to promote the appreciation of, and contribute to the protection of, the architectural heritage by systematically recording the built heritage on a nation-wide basis.

The purpose of this Introduction to the Architectural Heritage of County Meath is to highlight a representative selection of structures in Meath, and raise an awareness of the built heritage of the county as a whole. The Introduction is broadly chronological and highlights structures ranging from the prehistoric Brú na Bóinne complex, to modern day buildings, such as Dunshaughlin's award winning civic offices.

Accompanying this Introduction are the NIAH County Survey CD-ROMs. These CD-ROMs contain the survey information and allow the examination of the records and corresponding images. The fieldwork carried out by the NIAH in the summer of 2002 covers approximately eleven hundred sites, structures, or groups of structures. It must be noted that neither the survey nor the Introduction is fully comprehensive; they comprise only a sample of the post 1700 structures that can be found in the county. Some already well-publicised buildings will not be found in the survey. Similarly, some sites included in the Introduction for contextual background have not been inspected by the NIAH. Meath's principal town, Navan, is excluded from the survey, as it was previously recorded in the separate Navan Town Survey and will be published in 2003. Nevertheless, some artifacts of special interest in Navan have been alluded to in the text. It is intended that this initial survey will encourage an appreciation of the wealth of architectural heritage in the county as a whole.

PARISHES AND
BARONIES OF MEATH,
WESTMEATH AND
KING'S COUNTY
(1816)

*Courtesy of the National Library of Ireland.*

NATIONAL INVENTORY *of* ARCHITECTURAL HERITAGE

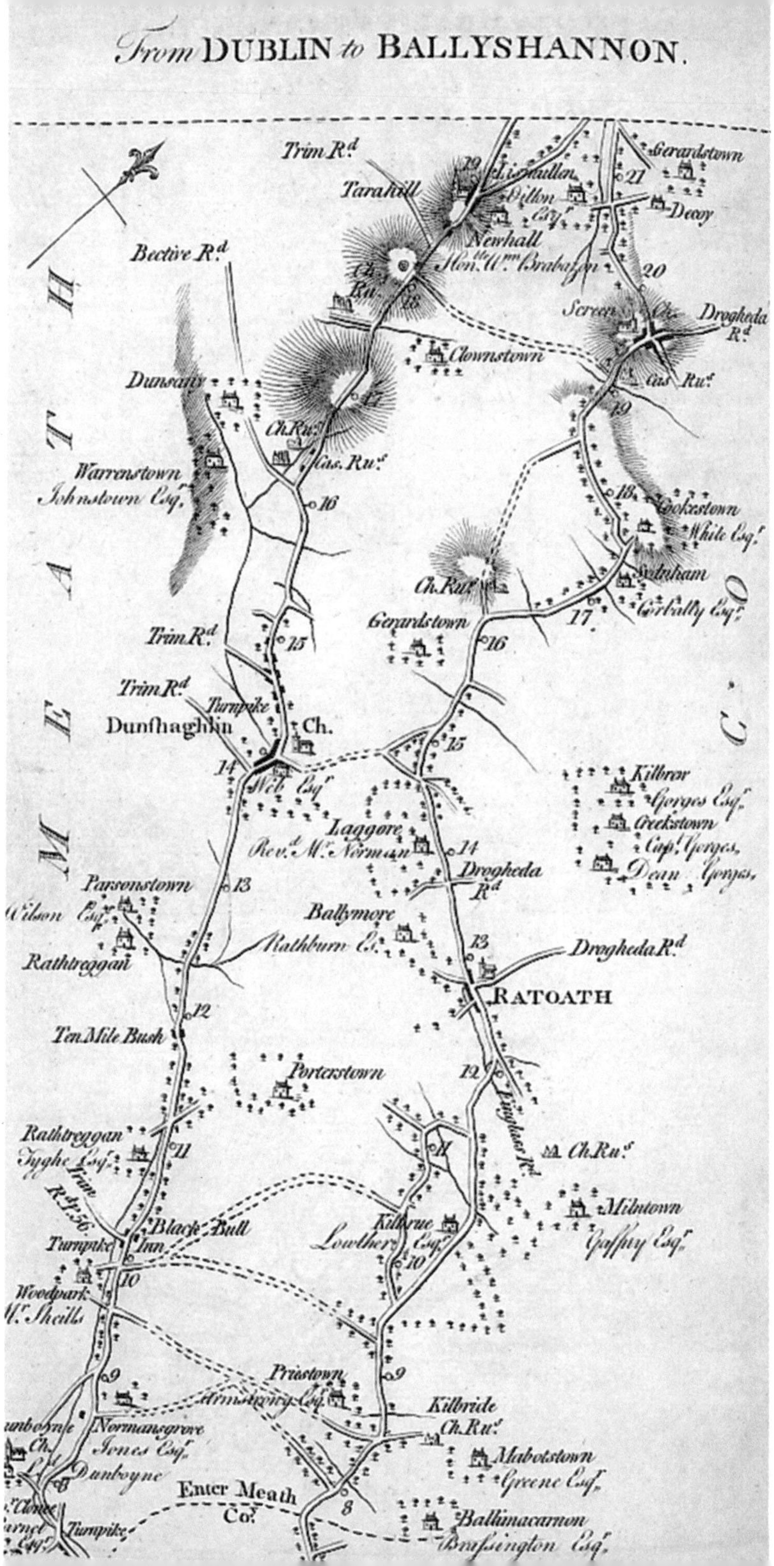

*From* DUBLIN *to* BALLYSHANNON.

**FROM DUBLIN TO BALLYSHANNON**

Taylor and Skinner's eighteenth-century road map depicts a route from Dublin to Ballyshannon through County Meath. Topographical features are identified, together with town settlements, villages and country seats. Note the names of the house owners. *Taylor and Skinner's Maps of the Roads of Ireland* by George Skinner and Andrew Taylor (surveyed in 1777 and corrected down to 1783 Second Edition. Originally published 1778).

*Courtesy of the National Library of Ireland.*

# Introduction

County Meath is characterised by rich and fertile land, with fields bounded by hedgerows and copses of trees. The landscape is predominantly flat pastureland with a small number of historically important hills. The suitability of its soils for agriculture has attracted farmers since the Neolithic period. Agriculture has shaped the landscape throughout the centuries, as farmers cleared forests to create fields, built houses and outbuildings, and laid out gardens.

Geologically, Meath lies on the central limestone plain of Ireland. Limestone, with its diverse nuances of colour and texture, is easily cut into ashlar blocks and is much used in buildings throughout the county. Light grey stone from the Ardbraccan quarry, for example, darkens with the passage of time. It is probably best known for its use in the rebuilding of the cupola of Dublin's Customs House after its destruction in the War of Independence. Sandstone, often used for carved details, is found in the Boyne area between Navan and the coast.

Meath is bounded to the east by a stretch of coast defined by the rivers Boyne and Delvin, which flow into the sea at Drogheda and at Knocknagin near Gormanstown respectively. Other rivers include the Blackwater and its tributaries, and the Nanny River that flows into the sea at Laytown. These rivers provide access to the heart of the county and many early settlements, from the Neolithic to the medieval, were located along their banks.

From fortress to thatched cottage, the buildings of Meath have long been an integral part of the county's landscape. Some of the most important pre-historic sites in Western Europe are to be found in here, indicating the presence of well-organised, settled peoples many thousands of years ago. The great Neolithic passage tomb complexes of Sliabh na Caillaigh, more commonly known as Loughcrew ***(fig. 1)***, and Brú na Boínne stand out like beacons in

*(fig. 1)*
**SLIABH NA CAILLAIGH PASSAGE TOMB CEMETERY**
**Loughcrew**

The passage tomb cemetery is sited on two adjoining hills, Carnbane East and Carnbane West.

*Courtesy of Dúchas The Heritage Service.*

**NEWGRANGE PASSAGE TOMB**

The entrance stone at Newgrange is an excellent example of the highly decorative Megalithic art found in the Boyne Valley.

*Courtesy of Dúchas The Heritage Service.*

the landscape, symbolising the dominance of the tribe over their environment, while Tara *(fig. 2)*, the symbolic seat of the High Kings of Ireland, and the nearby Hill of Slane recall the arrival of Christianity to Ireland. Medieval sites and ruins also dot the county; the monastic communities of Kells and the late twelfth-century castle at Trim remind us of the importance of this region in Ireland's past.

As the centuries progressed, many local landlords planned towns and villages as complete entities, Slane and Moynalty among them, giving a coherence and character to both layout and buildings. In rural areas, Meath's long history in farming is reflected in numerous country houses, farmhouses, outbuildings and stables scattered across the landscape. In recent years huge increases in traffic have put major pressure on the national roads running through Meath. Similarly, the commuter belt to the south of the county, serving nearby Dublin, is a new phenomenon. The increased building activity associated with this sudden expansion brings with it possibilities for destruction or reinvigoration.

*(fig. 2)*
**TARA**

The extent of the great enclosure of Ráth na Ríogh and other earthworks is clearly visible from the air.

*Courtesy of Dúchas The Heritage Service.*

7

# Pre-1700

Early medieval ecclesiastical and monastic sites form the nucleus of some of the county's towns and villages. The curving street pattern of Kells reflects the ninth-century circular monastic enclosure around which it is built. The round tower, though lacking its conical roof, still stands within the site. The nearby ninth-century oratory with a steeply pitched stone roof is known as Saint Columcille's House. Three high crosses stand in Saint Columba's churchyard and a fourth, the fine Market Cross, has recently been relocated to the old courthouse. Other early medieval sites exist at Donaghmore, with its twelfth-century round tower, Trim, and Slane, while high crosses punctuate the landscape at Duleek, Crossakeel, and Lobinstown. The arrival of the Cistercians in the twelfth century brought major changes to the design and organisation of monasteries. Bective Abbey (1147) ***(fig. 3)*** typifies the pastoral setting of these foundations. The Abbey was substantially remodelled as a Tudor house after the Dissolution of the Monasteries in 1535.

Trim Castle was begun by Hugh de Lacy (d. 1186), in the last quarter of the twelfth century, as his centre of power in the Lordship of Meath ***(figs. 4–5)***. Built to replace his previous ringwork castle of earth and timber, this was destroyed in the winter of 1172 to prevent its

S.E. View of Bective Abbey, co. Meath. Pl 2.


*(fig. 3)*
**BECTIVE ABBEY**

The ruins of the Cistercian Abbey sited on the River Boyne illustrated in Daniel Grose's *Antiquities*. This view with the bridge and cottages is still almost unchanged today.

*Courtesy of Dúchas The Heritage Service.*

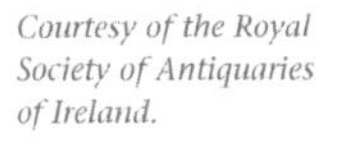

*(fig. 4)*
**TRIM CASTLE**

Drawing by the antiquary George Petrie of Trim Gate c. 1815.

*(fig. 5)*
**TRIM CASTLE**

Drawing by Du Noyer of Trim Gate dated 1859 with the gable wall of the market house and a lean-to market structure at the rear.

*Courtesy of the Royal Society of Antiquaries of Ireland.*

capture by the advancing Irish. It is set symbolically and majestically on high ground overlooking the Boyne surrounded by a massive curtain wall punctuated by towers and gates with barbicans. Recent works found evidence of the castle's own harbour on the river. More modest, but still impressive, are the large baronial castles of Dardistown, Killeen, and Dunsany.

From the beginning of the fifteenth century, large numbers of tower houses were built, some of which were protected by an enclosing wall or bawn. Donore Castle near Ballivor is a good example, with three storeys, a single room to a floor and a spiral staircase in a projecting tower.

A number of Meath's early stone bridges have survived and some, like Trim Bridge (c. 1350), are still in use. Babe's Bridge at Donaghmore has been dated to pre-1216, and its underpinned arch is the oldest surviving authenticated bridge arch in Ireland. In 1599 a spy reported that Hugh O'Neill was to use Kilcarn Bridge in his planned invasion of the Pale. The bridge, situated outside Navan, was made redundant in 1977 by the building of a concrete replacement.

The Cromwellian Plantations of the mid seventeenth century, followed by the Battle of the Boyne in 1690, firmly established Protestant rule in Ireland. Roman Catholic estates were confiscated and granted to new settlers. It is reputed that, in 1649, Cromwell took Betaghstown House (c. 1630) ***(fig. 6)*** from the Betagh family, who had given their name to the town and townland of Bettystown. It was as part of this process that Headfort Estate came into the possession of the Taylor family from Sussex, and Slane into the hands of the Conyngham family from Donegal. The transition from fortified dwellings to freestanding houses began after the restoration of King Charles II in 1660, and continued in earnest in the period of relative peace after 1690. Fennor Castle, near Slane, built in the late seventeenth century and now in ruins,

*(fig. 6)*
**BETAGHSTOWN HOUSE**
**The Narrow Ways, Bettystown**

This former manor house dates from c. 1630 and was reputedly built by the Betagh family, who gave their name to the town and townland of Bettystown. The L-plan house was remodelled and extended in the eighteenth and nineteenth centuries.

*(fig. 7)*
**LUCAS DILLON TOMB**
**Parish Church, Newtown Trim**
**(1586)**

An elaborate limestone monument, located within the precinct of the Cathedral of SS Peter and Paul, displays the recumbent effigies of Sir Lucas Dillon and his wife, Jane Bathe.

*Courtesy of Dúchas The Heritage Service.*

shows the influence of castle and tower house in the placement of its staircase to the rear of the building, an element that persisted well into the eighteenth century. Generally, decorative details on these buildings have not survived; Classical and Renaissance motifs were used on smaller pieces, such as tombs, before they were applied to buildings. At Newtown Trim, for example, the tomb (1586) of Sir Lucas Dillon bears coats of arms in cartouches on its sides, set between fluted Classical pilasters ***(fig. 7)***. Another surviving example is a seventeenth-century Tudor style doorcase with an entablature supported by Ionic columns and crowned with scrolled ornament ***(figs. 8–10)***. It is reused at the walled garden of Loughcrew, and is the only visible remnant of the original seventeenth-century house.

*(fig. 8)*
**LOUGHCREW DEMESNE**

The remains of a formal garden at Loughcrew House (c. 1840) include ornamental water channels and pools, a rustic folly, and related outbuildings. The garden is part of a grouping of demesne structures, comprising an Ionic portico, a church and graveyard, stables, gate lodges and houses built for estate workers. The doorcase of the seventeenth-century house is incorporated into the walled garden.

*(fig. 9)*
**LOUGHCREW DEMESNE**

Detail of the surviving doorcase from the seventeenth-century Loughcrew House.

*(fig. 10 )*
**LOUGHCREW DEMESNE**

Detail of the cast-iron decorative surround.

# The Eighteenth Century

The 1700s heralded almost a century of relative peace in Ireland up to the Rebellion of 1798. Though four-fifths of the population were Catholic, by 1800 they owned less than one-eighth of the land. Poverty among the lower classes was rife. The British policy of trade restrictions forced Ireland into a dependence on agriculture for its economic survival. This policy placed a great deal of power in the hands of those who owned the land. These people had little in common by way of class, religion or language with their Irish tenants. The English traveller Arthur Young who toured Ireland in the 1770s went so far as to dismiss the ascendancy class as 'lazy, trifling, inattentive, negligent, [and] slobbering.' In order to consolidate their position and make their own mark on the landscape, they built fine residences for themselves on their newly acquired land. These houses, together with the associated gardens and farms, displayed their wealth and power. The ascendancy class also contributed to the building and town planning that

*(fig. 11)*
**STACKALLAN HOUSE**
**Stackallan**
**(c. 1710–1712)**

Stackallan is of an architectural type that originates in mid seventeenth-century England and reflects both Classical and northern European influences. Cubic in appearance, and probably incorporating an earlier house, it wraps around four sides with pedimented centrepieces on the south and east fronts.

*Courtesy of Carmel and Martin Naughton.*

**ARCH HALL**
**Wilkinstown**
**(1720–1740)**

The large early Georgian house survives, but only as a ruined shell in the landscape. The design has been attributed to Sir Edward Lovett Pearce.

*Courtesy of the Irish Architectural Archive.*

made the eighteenth century such a fertile period in Irish architectural history.

Unsurprisingly, landlords looked to England for models and it was a mark of esteem to describe a building as 'Englishlike'. This expression, used in different contexts, seemed to indicate the criterion by which things were measured. In the case of building, it indicated the type of houses that were fashionable at that time in England. From 1720, designs by Scottish and English architects were available in Ireland, and books on architecture were becoming increasingly available. While French and Dutch seventeenth-century buildings may have influenced the steeply hipped roof of Stackallan (c. 1710–12) it remains very much in the style of English Restoration architects ***(fig. 11)***. Stackallan is one of the few surviving Classical houses from the earliest part of the century. Cubic in appearance, and probably incorporating an earlier house, it in fact wraps around four sides with pedimented centrepieces on the south and east fronts. The equal height given to ground and first floor storeys looks back to the work of the architect Sir Roger Pratt (1620–85) at Coleshill, Oxfordshire (c. 1650; burnt down 1952) in England. Stackallan also resembles the contemporary Beaulieu House, County Louth (1710–20); both share distinctive roof profiles and Classical symmetry.

*(fig. 12)*
**SUMMERHILL**
(c. 1730)

Summerhill was one of the largest and most important houses built in Ireland during the eighteenth century. Begun by Pearce it was completed by Richard Castle. This drawing, showing the entrance front, dates from 1851.

*Courtesy of the National Library of Ireland.*

*(fig. 13)*
**ARDBRACCAN HOUSE**
**Entrance vestibule**
(1730–1780)

The restrained neo-Classical interior plasterwork of the entrance vestibule at Ardbraccan is attributed to James Wyatt. This narrow room, with barrel-vaulted ceiling of shallow hexagonal coffering, leads into the main hall or saloon.

Edward Lovett Pearce (c. 1699–1733) and, after his death, his draftsman Richard Castle (c. 1690–1751) dominated the architecture of Ireland up to and beyond the time of James Gandon (1743–1823), particularly in domestic architecture. Pearce's background was both Irish and English. In the late 1680s his English born father married his Irish mother, Frances Lovett, in Saint Michan's church, Dublin. After the obligatory Grand Tour, Pearce established himself in Dublin in the mid 1720s and introduced neo-Palladianism to Ireland; a Classical style influenced by the architecture and the theories of the Italian architect Andrea Palladio (1508–80). Pearce's plan of 1730 for Summerhill was inspired by Palladio's villa plans where a centre block is joined to subordinate wings by straight or curving links ***(fig. 12)***. Summerhill was burnt down in 1922 and completely demolished in the 1950s. Ardbraccan House (1776), Navan, the former seat of the bishops of Meath, follows on in this tradition ***(figs. 13–15)***. The central block is linked to two wings by curved walls with niches. One of the wings incorporated the kitchens, the other wing the stables. Richard Castle designed the wings and quadrant walls in 1734, but it was forty-two years before the house was actually begun. The original plans for the house were by the English architect James Wyatt (1746–1813), although subsequently amended by Thomas Cooley (c. 1740–84) and Rev. Daniel Augustus Beaufort (1739–1821), the local rector and amateur architect.

*(fig. 14)*
**ARDBRACCAN HOUSE**
**(1730–1780)**

Richard Castle, who envisaged a typical Palladian house, drew up the original designs for Ardbraccan in the 1730s. The large central block is actually the product of a culmination of designs by Thomas Cooley and James Wyatt together with local amateur architect Rev. Daniel A. Beaufort, joined by curved links to Castle's kitchen and stable wings.

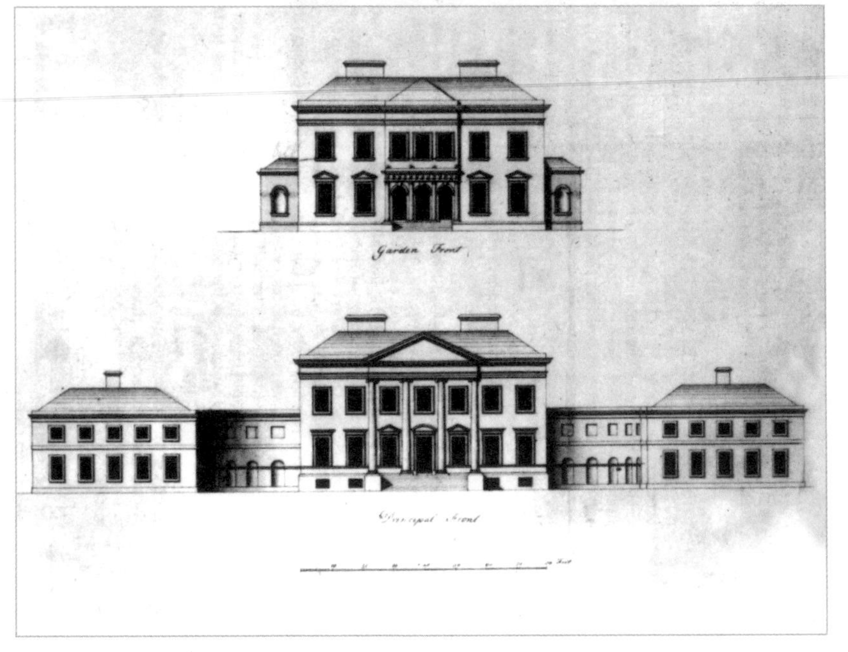


*(fig. 15)*
**ARDBRACCAN HOUSE**
**Proposed front elevation**
**(c. 1730)**

This drawing shows a proposed front elevation design. The central block with pedimented breakfront was not executed.

*Courtesy of the Irish Architectural Archive.*

*(fig. 16)*
**HILLTOWN ESTATE**
**Bellewstown**
(c. 1760)

Detail of a cast-iron gate in the stable yard complex.

Pearce and Castle were not the only premier architects working in the county, and long building campaigns were not a rare occurrence. Although the First Earl of Bective commissioned the building of Headfort House (1758–1780) in 1758, the shell of the house was not completed until 1769 and it took several more years to complete the interiors. Although Castle produced the initial design, it was one by George Semple (fl.1748–80) that was actually built. Modestly detailed on its facade, in scale it is an impressive building and contains a number of interiors by Robert Adam (1728–92), the only country house activity of his in Ireland to survive intact. Adam had successfully evolved a neo-Classical style with a range of motifs and decorative elements drawn from Classical antiquity to sixteenth-century Italy. By the 1770s, when he was commissioned to make drawings for Headfort, he was at the height of his popularity. He provided drawings for a number of rooms in the house, one of which, the Eating Parlour, is one of the most impressive country house interiors in Ireland. Thomas Cooley, the architect who oversaw the building of the house, also designed the triple-arch stone bridge (c. 1776) over the River Blackwater on the estate.

A great deal of importance and prestige was attached to ownership of horses. Designs for stables and farm buildings were frequently as attractive as the houses to which they were attached. In a Palladian layout, one of the pavilions was usually reserved for stables. At Ardbraccan, in common with other stable blocks by Richard Castle, the stables are groin-vaulted throughout and supported by Tuscan columns set on deep round bases. The now derelict two-storey range of outbuildings at Hilltown estate (c. 1760), Bellewstown, presents a fine group, even in its present state ***(fig. 16)***. The stables show fine detailing, including cast-iron diamond pattern windows and a bellcote. A nearby circular-plan dovecote survives in good condition with its original slate roof and interior (c. 1760) ***(figs. 17–18)***. Dovecotes or pigeon houses have been significant domestic buildings since medieval times, and continued to be built up to the nineteenth century. A large dovecote, such as that at Hilltown, provided an alternative supply of fresh food for its owner.

*(fig. 17)*
**HILLTOWN ESTATE**
**Bellewstown**
**(c. 1760)**

A former dovecote which once served Hilltown House, forms a group with the surviving related structures in the former demesne.

*(fig. 18)*
**HILLTOWN ESTATE**
**Bellewstown**

Interior of dovecote.

*(fig. 19)*
**GIBRALTAR**
**Larch Hill Demesne**
**(c. 1820)**

Set on a lake, this triangular-plan miniature fort known as 'Gibraltar', forms part of an unusual display of demesne structures at Larch Hill House. The fort exhibits corner towers and castellated turrets.

While dovecotes might look like ornamental buildings, they had a practical purpose and were not generally regarded as follies. The gardens at Larch Hill House, Kilcock, possess a number of follies (c. 1820) that vary from a gazebo, to a fortress, to a Greek temple. ***(figs. 19–20)*** Though dating from the nineteenth century, they constitute an example of mid eighteenth-century style when buildings like these were erected as focal points to contribute to the æsthetic effect within the landscape. Although they replicate a fantasy world, they sometimes had functional uses ranging from formal entertaining to simply enjoying the view. Another building with, perhaps, similar aims, is the gazebo that occupies an elevated site at Herbertstown (c. 1760). Hexagonal in shape, it has round-headed windows and a balustraded parapet.

*(fig. 20)*
**THE FOX'S EARTH**
**Larch Hill Demesne**
**(c. 1820)**

Another particularly eccentric structure at Larch Hill Demesne, the 'Fox's Earth' mausoleum and folly built by Robert Watson, incorporates a vaulted grotto set into artificial mound, with a rustic temple above.

*(fig. 21)*
**HEADFORT DEMESNE**
**(c. 1770)**

The First Earl of Bective (1724–95) built this courtyard of two-storey stables with a walled central area on a gentle slope at Headfort House farmyard as part of his scheme of improvements.

The whimsical nature of follies, set in the gardens and demesnes of landowners, is quite removed from the serious business of farming. Agricultural produce and the keeping of livestock were of primary concern for the economic status of the estate. Many farmyard complexes, while perhaps not as decorative as stable complexes, have a great deal of architectural merit. The farmyard complex at Headfort House (c. 1770) ***(figs. 21–22)*** comprises ranges of outbuildings set around a central courtyard. Pedimented integral carriage arches with bellcote give the complex a sense of grandeur and importance.

Not all landlords were like those so negatively described by Arthur Young. In 1731 the Dublin Society, now the Royal Dublin Society, was formed with the aim of improving agricultural methods. Many advances were secured through its efforts. These developments, normally directly related to the agricultural basis of estates, often indirectly played an important role in the development of infrastructure and industry in the county's towns.

*(fig. 22)*
**HEADFORT DEMESNE**

View through the carriage arch, Headfort House farmyard.

As a result of imposed trade restrictions, Ireland did not thrive in terms of industry. Irish linen, for example, was excluded from the English market. The country benefited, however, from colonial trade. Irish linen, among other produce, was exported to America and to the West Indies. The linen industry was important in Meath, giving much-needed employment, and flax mills, including Martry Mill, Donaghmore, were established. In the eighteenth century, encouraged by the Naper family, Oldcastle boasted the largest yarn market in the country. Even the layout of Oldcastle, with the market house in the centre surrounded by an irregular 'square', underlines the importance of its commercial life. Barely recognisable as such now, but still a place of commerce, the market house (c. 1740) was originally a three-bay, two-storey building with a triple open arcade in the central bay.

*(fig. 23)*
**SLANE MILL**
**Mill Hill,**
**Slane**
**(c. 1765)**

Slane Mill was considered to be one of the finest mill buildings in Britain and Ireland in the mid eighteenth century. Constructed of limestone, the mill displays carved detail that is unusual for an industrial building and more typically found in country houses of the period.

*(fig. 24)*
**SLANE MILL**
**Mill Hill,**
**Slane**

View of top floor roof construction.

*(fig. 25)*
**SLANE MILL**
**Mill Hill,**
**Slane**

Detail of carpenter's marks on roof timbers.

*(fig. 26)*
**MILL MANAGER'S HOUSE**
**Mill Hill,**
**Slane**

Slane Mill House, originally built in 1765 and extended in 1799, is well designed and well proportioned, showing fine decorative details in the fanlight, window surrounds and cornice. The house shown here, dating from 1799, forms part of a cluster of mill-related structures, which includes the mill, gates and gate lodge, the Boyne Navigation Canal, the weir, locks and water channels.

In 1748, the Commissioners of Inland Navigation initiated the Boyne Navigation Scheme with the objective of linking the River Boyne with the Blackwater. It took two years to get as far as Oldbridge, and almost twenty years to complete the nine miles between Oldbridge and Slane. Part of the history of the Boyne Navigation Scheme is linked to the mill at Slane (1763–66). ***(figs. 23–25)*** David Jebb, the engineer who supervised the construction of part of the navigation scheme in the 1760s, had formerly served his apprenticeship as a miller in England at the large mill at Chichester. On behalf of his partners in the mill enterprise, local landlords, the Townleys and Conynghams, he oversaw the construction of Slane Mill, which he managed for almost fifty years. Slane Mill was one of the first large-scale grain mills, and one of the earliest full-scale industrial buildings in Ireland. The limestone used in its construction appears to come from the Ardbraccan quarries, and the carved details, quoins and the string course are elements one might expect to find in the architecture of a country house rather than a mill. The manager of the mill occupied the adjacent limestone mill house (1765; substantially extended 1799) ***(fig. 26)***. The complex has a lodge and a gateway at its entrance (c. 1765), located next to the mid fourteenth-century Slane Bridge.

**NEWHAGGARD FLOUR MILL (c. 1760)**

The mill cuts an imposing feature in the surrounding landscape, due to its scale, form, and dramatic silhouette. Interesting features include castellated parapets, and irregular openings on the lower floors.

**MONKNEWTOWN MILL**
**(c. 1825)**

Monknewtown was one of the most impressive of the large number of corn mills that operated in County Meath during the late eighteenth and early nineteenth centuries.

*Courtesy of the National Library of Ireland.*

In the eighteenth and nineteenth centuries, landowners built limekilns to exploit limestone quarries on their land. The quicklime produced by these simple, functional structures was used chiefly as a fertilizer for agricultural purposes, and slaked lime was used for making mortars and plasters for building purposes. The stones were broken into small pieces and placed in the kiln where they were reduced to a powder by burning at a high temperature. The limekiln (c. 1800) at Nobber, located close to a quarry and built of limestone rock, has survived in excellent condition ***(fig. 27)***.

*(fig. 27)*
**LIMEKILN**
**Bridge Farm,**
**Nobber**
**(c. 1800)**

Nobber limekiln, located beside a quarry and built with limestone rock, is an interesting illustration of an early nineteenth-century kiln.

*(fig. 28)*
**MAHONSTOWN BRIDGE**
**Carlanstown**
**(c. 1780)**

Mahonstown Bridge provides a pedestrian refuge in the form of a stone seat built into the parapet wall.

*(fig. 29)*
**BOYNE AQUEDUCT**
**(c. 1795)**

The Boyne Aqueduct carries the Royal Canal over the River Boyne, displaying the heights of late eighteenth-century engineering in Ireland; the adjacent multiple-arch railway bridge enhances its dramatic form and location.

With the number of rivers crossing the county, bridge building was an essential part of the development of trade and communications. A number were built during the eighteenth century using rubble and dressed limestone. Most have their own particular characteristics. At Mahonstown Bridge (c. 1780), Carlanstown, a stone seat built into the parapet wall acted as a pedestrian refuge ***(fig. 28)***. Towards the end of the century the impressive ashlar limestone Boyne aqueduct (c. 1795) was constructed to carry the Royal Canal over the river ***(fig. 29)***.

As well as the development of estates, associated towns and villages were planned and extended. The First Earl of Bective (1724–95) and the son who succeeded him, and the First Viscount Conyngham took on the tasks respectively of laying out Kells and Slane in the second half of the century. While Bective began with his house, then turned his attention to the town of Kells, Conyngham laid out the village of Slane before his successors commenced work on the castle.

Slane and Kells provide good examples of eighteenth-century town planning. At Slane, a new 'ideal' town plan was laid out adjacent to the earlier medieval settlement. Kells, in contrast, was developed around the early medieval core of the Columban monastery, with Saint Columba's church and the round tower at its centre. The

**MILESTONE**
**Parsonstown Demesne Townland**
**(c. 1780)**

A triangular-profile granite milestone is a reminder of the great coaching era when a coach-based system of postal distribution operated in Ireland. The north face reads: 'Drumconra 5 Carrickmacross 12 Kingscourt 11', the south face reads: 'Dublin 26 Slane 4', with the top inscribed: 'CM'.

alignment of the outer enclosure is still reflected in the circular street pattern of the town. In the eighteenth century, the street plan was crossed by a network of major roads linking Dublin to the north west. The road into Kells from Dublin, now Headfort Place, was widened and planted with trees. The Earl granted a site on Headfort Place for a Roman Catholic Church (1798; demolished 1958) to designs by Francis Johnston (1760–1829). At the east end of the town, Johnston also designed the courthouse (c. 1802). This elegant pedimented Classical building is constructed of limestone, with fine ashlar on the entrance front. A map of 1817 shows an inn sited at the opposite end of Headfort Place, where the Credit Union is now located, echoing the 'island' site of the courthouse ***(fig. 30)***. Cooley was responsible for the design of the spire erected on the medieval tower next to Saint Columba's Church of Ireland (c. 1778). On a hill overlooking the town, the First Earl of Bective erected Lloyd's Tower (c. 1791) in memory of his father. Designed by Henry Aaron Baker (1753–1836), a pupil of James Gandon, the tower is thirty metres in height and, with its viewing platform and now missing beacon, resembles a stranded lighthouse. It has been suggested that the tower was used as an orientation point for returning huntsmen ***(figs. 31–32)***.

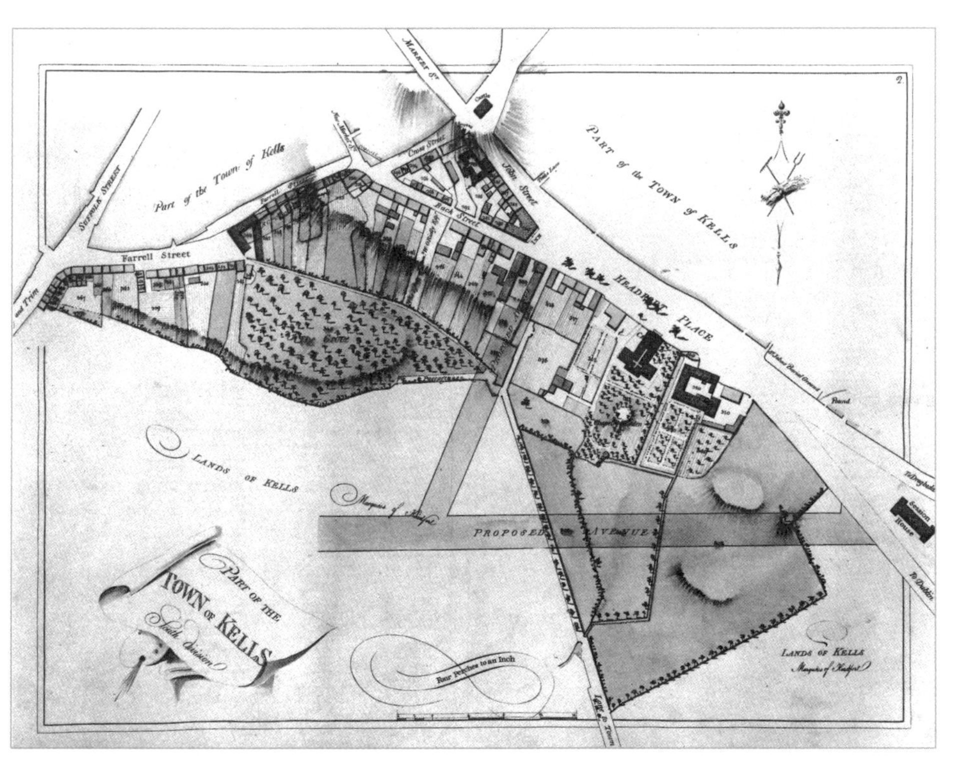


*(fig. 30)*
**KELLS SOUTH DIVISION (1817)**

This map illustrates the improving work of the Marquis of Headfort. Note the proposed new wide avenues that cut through the medieval fabric of the town.

*Part of the town of Kells south division*, 1817 by Sherrard, Brassington and Greene.

*Courtesy of the National Library of Ireland.*

*(fig. 31)*
**TOWER OF LLOYD**
**(c. 1791)**

This freestanding prospect tower was built in the form of a giant Doric column, surmounted by a glazed lantern.

*(fig. 32)*
**TOWER OF LLOYD**

*Courtesy of the Irish Architectural Archive.*

*(fig. 33)*
**THE SQUARE**
**Slane**
**(c. 1760)**

A group of four houses of which this is one, face each other diagonally across the crossroads in Slane Village.

In the 1760s, Slane was laid out on a cross-shaped plan at the junction of the roads from Drogheda and Dublin. Viscount Conyngham leased plots to builders, with stipulations regarding the type and scale of building to be erected. Slane is thus an attractive and coherent Georgian village, with four matching houses of squared limestone (c. 1760) facing each other diagonally, one at each corner of the crossroads ***(figs. 33–35)***. A curtain wall links each house to two outbuildings that fulfil a variety of functions (c. 1760). The streets leading off of it are lined with two-storey houses; many of squared limestone with block-and-start window and door surrounds exemplified in Chapel Street (c. 1760). Saint Patrick's Church of Ireland possibly dates from the early part of the eighteenth century. The clocktower, designed by Francis Johnston, was added in 1797 and, the following year, Saint Patrick's Roman Catholic Church (1798) was built on a site donated by Viscount Conyngham.

After the death of the First Viscount Conyngham in 1781, his successors, the Second and Third Viscounts, undertook the building of Slane Castle (1785). The early Gothic Revival style employed at the castle was begun to a design by James Wyatt and completed by Francis Johnston from 1795. Basically it is a perfectly symmetrical Classical building that possesses a number of medieval decorative elements like battlements and corner towers. It contains an attractive double-height ballroom with a highly decorative Gothic style domed ceiling. The castle was severely damaged in a fire in 1991, but has since been restored.

*(fig. 34)*
**THE SQUARE**
**Slane**

Detail of a cast-iron gate finial from one of the four houses.

*(fig. 35)*
**THE SQUARE**
**Slane**

Door knocker from one of the houses.

**T. MEADE**
**Main Street,**
**Slane**
**(c. 1769)**

An important group of outbuildings on Main Street, Slane, survives almost untouched. The scale of these buildings is unusual for a domestic setting, and suggests that the site may have had industrial associations.

The submerged political tensions in the country exploded in the Rebellion of 1798. The defeat of the rebel army at the Battle of Tara (26 May 1798) marked a significant turning point in the insurrection. Two monuments poignantly mark this historic event, the relocated Lia Fáil standing stone (the Stone of Destiny) at Tara ***(fig. 36)***; and on the loyalist side, the overgrown headstone to William Wright, a member of the Upper Kells Infantry killed at Tara, which is in Saint Columba's graveyard in Kells.

*(fig. 36)*
**LIA FÁIL**
**Castleboy**

This standing stone, now situated in the centre of a barrow, was originally adjacent to a passage tomb.

*Courtesy of Dúchas The Heritage Service.*

# The Nineteenth Century

If the eighteenth century was the century of the ascendancy, the nineteenth, despite the horrors of the Great Famine, was the century that marked the emergence of an economic and political middle class. The architectural consequence of this development was the construction of churches, schools, banks and other institutions in towns and villages throughout the county.

Activity in church architecture increased significantly after the Catholic Emancipation Act of 1829. Until then, certain restrictions had been placed on the building of Roman Catholic churches. Spires or bells were forbidden, and churches were generally built on back land or inconspicuous sites. However, the general stylistic features of Roman Catholic churches of the time followed the precedent of the Established Church, and often incorporated a classically symmetrical shape embellished with spiky pinnacles and plaster decoration.

The Church of Ireland benefited from funding supplied by the Board of First Fruits, which administered the annual monies received from the Irish parliament for the building of churches and glebe houses from 1778 to 1833. It appointed its own architects, such as John Semple (d. 1880), the Pain brothers, James (c. 1779–1877) and George Richard (c. 1793–1838), and John Bowden. Most Board of First Fruits churches built between 1810 and 1833 were conspicuously placed, either on sites in the centre of a town, or near ancient monastic sites. They were plain box-like halls showing three-storey western towers with, in more elaborate cases, a series of stepped buttresses decorating the sides and the gable end.

Saint Mary's Church of Ireland (1800), Galtrim ***(fig. 37)***, and the Roman Catholic Church of the Assumption (c. 1820), Batterstown ***(fig. 38)***, are typical examples of early nineteenth-century Church of Ireland and Roman Catholic churches respectively. Saint Mary's, a rectangular box with a tower at its west front, is a characteristic Board of First Fruits church. Its simple form is articulated with the architectural details of string courses, pinnacles, and door surrounds of ashlar limestone. The church at Batterstown is a simple three-bay, barn-like or single-cell building with a bell-cote on its north gable. The sacristy and the porches are later additions. Built in the early Gothic Revival style, both churches have pointed windows set into the walls.

*(fig. 37)*
**SAINT MARY'S CHURCH OF IRELAND**
**Galtrim**
**(c. 1800)**

Saint Mary's exhibits features typical of Church of Ireland churches built with funds from the Board of First Fruits.

*(fig. 38)*
**ROMAN CATHOLIC CHURCH OF THE ASSUMPTION**
**Batterstown**
**(c. 1820)**

The modest exterior of the Church of the Assumption is representative of early nineteenth-century Irish Roman Catholic churches. Though many of the original external features and materials have been replaced, and the interior re-ordered post Vatican II, some interesting internal features survive. The hood mouldings, terminated by render cherubs, are of particular interest.

*(fig. 39)*
**SAINT PATRICK'S ROMAN CATHOLIC CHURCH**
**Patrick Street,**
**Trim**
**(c. 1895)**

Saint Patrick's is set in landscaped grounds that sweep down from Patrick Street towards the grounds of Trim Castle. The combination of rock-faced rubble limestone and ashlar dressings provides interesting textural detail.

*(fig. 40)*
**SAINT PATRICK'S ROMAN CATHOLIC CHURCH**
**Patrick Street,**
**Trim**

Artistic execution of the carved detailing on interior features complements and enhances this imposing Gothic Revival church.

*(fig. 41)*
**SAINT PATRICK'S ROMAN CATHOLIC CHURCH**
**Patrick Street,**
**Trim**

Detail of cast-iron railings.

In the second half of the nineteenth century, a continental influence within the Gothic idiom became increasingly evident in church building. The influence of Italian Gothic can be seen in the polychromy of Saint Martin's Church (1876), Culmullin. Built to a design by William Hague (1840–c. 1900), red, yellow and blue engineering brick is mixed with boulder-faced rubble. The imposing Saint Patrick's Roman Catholic Church (c. 1890–1905), Trim, also by Hague, has a French Gothic flavour to its pinnacles and to the openings on its tower and spire ***(figs. 39–41)***. Cruciform and symmetrical in plan, Saint Patrick's is richly decorated and elegantly constructed. The use of rock-faced limestone with smooth ashlar creates an interesting surface texture, which is enhanced by carved external details. The marble reredos was carved by the firm of Pearse & Sons, owned by the father of the executed 1916 leaders, Patrick and Willie Pearse.

**WINTER MAUSOLEUM**
**Agher**
**(c. 1810)**

The Winter Family Mausoleum, Agher, built in an early Gothic Revival style, forms an attractive group with the Church of Ireland church and graveyard.

**CHURCH OF IRELAND CHURCH**
**Agher**

This stained glass depicting Saint Paul preaching to the Athenians is located at the east end of the church. It is attributed to the Irish stained-glass artist Jervais after Raphæl and dates to the last quarter of the eighteenth century.

**SAINT ANDREW'S ROMAN CATHOLIC CHURCH**
**Curragha**
**(c. 1900)**

Colour and light dominate the interior of Saint Andrew's designed by George Coppinger Ashlin (1837–1921) using a variety of coloured tiles, marbles and mosaics.

*(fig. 42)*
**2 NAVAN GATE STREET**
**Trim**
**(c. 1832)**

This house on Navan Gate Street is one of a pair with the adjoining house to the east. Due to their form and scale, the houses form an imposing duo in the streetscape.

*(fig. 43)*
**2 NAVAN GATE STREET**
**Trim**

Door knocker of house 2 Navan Gate Street.

The improvement of towns and villages continued into the mid nineteenth century. John Farrell, the local landlord, laid out Moynalty in 1826. It is a classic estate village set out along a single street with the Roman Catholic Church (1815–1825) at one end and the former Church of Ireland (1815–1820) at the other. In between, an attractive group of two-storey estate houses with dormer windows and gables faces onto the street (c. 1825). John Farrell's regency style house (c. 1825) is sited on the edge of the town. The walls of the estate form a striking feature of the village with the cast-iron gates, gate piers (c. 1825) and lodge (c. 1825). The frequently repeated architectural detailing of carved bargeboards, gables and diamond paned windows make Moynalty a very attractive village.

As was the case with a number of towns in Meath, the development of Trim continued in the nineteenth century with the building of a number of fine terraces. There is an impressive row of three two-storey over basement houses (c. 1830–35) on Navan Gate Street ***(figs. 42–43)***. They have retained a number of original features such as carved stone doorcases, fanlights, sash windows and railings. Access to the rear of the terrace is through the carriage arch to the east of number 4. Of similar age, a colourful terrace of ten estate houses (c. 1890), Castle Street, built by the Dunsany Estate, displays a more picturesque quality ***(figs. 44–46)***.

*(fig. 44)*
**ESTATE COTTAGES**
**1–10 Castle Street,**
**Trim**
**(c. 1890)**

A group of ten houses built by the Dunsany estate makes a picturesque addition to Trim's streetscape. The architectural design, high level of artistic detailing, and the retention of many original features make this a significant assembly.

*(fig. 45)*
**ESTATE COTTAGES**
**1–10 Castle Street,**
**Trim**

A detail of the first floor gabled dormers shows timber bargeboards and cast-iron finials.

*(fig. 46)*
**ESTATE COTTAGES**
**1–10 Castle Street,**
**Trim**

Door knocker on one of the houses on Castle Street.

*(fig. 47)*
**COURTHOUSE**
**Bridge Street,**
**Trim**
**(1809)**

Designed by Sir Richard Morrison (1767–1849), the monumental size and architectural quality of Trim courthouse makes it one of the most impressive public buildings in the town. Located at a junction of three roads, it occupies a dominant position in the streetscape.

The nineteenth century was marked by the erection of many fine public buildings as the power and institutions of the state developed. Sir Richard Morrison (1767–1849) designed Trim Courthouse (1809), one of the earliest public buildings of the century, in the neo-Classical style ***(fig. 47)***. Neo-Classicism, a return to the 'true' architecture of Classical Rome and Greece, was already evident at the end of the eighteenth century, but gained momentum in the nineteenth. The courthouse is an imposing rendered building with ashlar quoins and pediment. For those convicted at the courthouse in Trim, the prison was not far away. Trim Gaol (1827) was built to the designs of John Hargrave (c. 1788–1833) on a hill overlooking Trim Castle. All that remains today is the prison wall with its deeply banded masonry. This powerful façade was typical among gaol buildings of the period, designed to evoke respect in the observer and terror in the convicted felon.

The consolidation of land holdings after the Famine encouraged the development of a more settled small farmer economy in rural areas, and the growth of trade in the towns. This is reflected in the remarkable nationwide expansion of local branches of banks, which grew in number from 170 in 1845, to 569 in 1880, to 809 by 1910. Many financial institutions took their inspiration from the architecture of Renaissance Italy, home of the modern banking system. Bank architects preferred an evocation of the Italian palazzo design representing, as they and perhaps their patrons saw it, solidity and dependability. The National Bank (1853) in Kells, which is now the Town Hall, was built to designs by William Caldbeck (c. 1825–72) and exemplifies this style. The later Northern Bank (c. 1880), Oldcastle, now the National Irish Bank, is another example ***(fig. 48)***. Built of dressed limestone, its handsome doorcase with Tuscan columns and its window detailing set it apart from the others in the terrace. A well-proportioned and simply designed house (c. 1880) for the manager of the bank is located next door.

*(fig. 48)*
**NATIONAL IRISH BANK**
**Oliver Plunkett Street, Oldcastle**
**(c. 1880)**

Oldcastle Bank exhibits the Italianate style with Tuscan columns and window detailing.

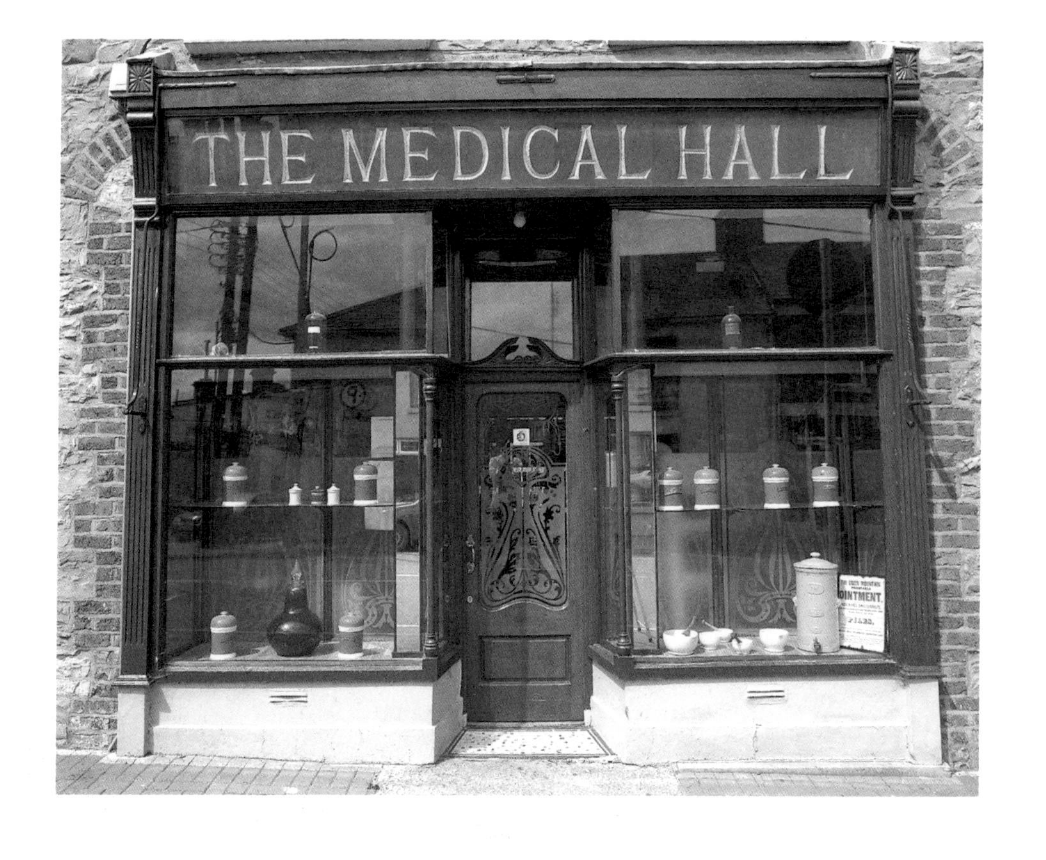


*(fig. 49)*
**THE MEDICAL HALL**
**Church Street,**
**Kells**
**(c. 1870)**

Though many original features and materials have been replaced, the Medical Hall, Kells, retains a fine Art Nouveau shopfront and makes a significant contribution to the streetscape.

Most of Meath's surviving traditional shopfronts date to the nineteenth century and display many Classical architectural features. Decorative columns, pilasters and entablatures, seen on shopfronts throughout the county, have been adapted to a vernacular tradition, lending colour and vibrancy to streetscapes. The Medical Hall (c. 1870), Kells, has timber colonettes topped with a foliate ornament supporting the windows ***(fig. 49)***. On each side a fluted pilaster supports a bracket, over which is a classical low-relief ornament, with a carved open-topped foliated pediment above the door. The simpler but equally pleasing design of A. Crosby (1860–1880), Kells, also displays Classical elements ***(fig. 50)***. Maloney's of Chapel Street (1840–1860), Slane has a timber fascia with raised lettering and pediments over the console brackets ***(figs. 51–53)***.

*(fig. 50)*
**CROSBY'S**
**Farrell Street,**
**Kells**
**(c. 1870)**

This building retains timber sash windows and timber-panelled door, which complement the simple shopfront.

*(fig. 51)*
**MALONEY'S**
**Chapel Street,**
**Slane**
**(c. 1850)**

The simple timber shopfront of this building retains the original timber sash windows and timber-panelled door.

*(fig. 52)*
**MALONEY'S**
**Chapel Street,**
**Slane**

Detail of the tooled limestone block-and-start door surround.

*(fig. 53)*
**MALONEY'S**
**Chapel Street,**
**Slane**

Detail of lettering on Maloney's shopfront.

One of the most common buildings in the countryside is the rural national school. While Charter Schools were built for the minority Church of Ireland community from 1730, Catholics, particularly during the period of the Penal Laws, had no such buildings and were often educated in chapels or 'hedge schools' in the open air. It was not until 1831 that national schools were set up by the Board of National Education to educate Catholics. They were built to a simple formula based on a single-storey two-room block, often with separate entrances for boys and girls. A stone plaque on the building usually indicated the name and date of the school, many of which have been closed down or converted to other uses. The schools at Athboy (c. 1820) and Crossakeel (c. 1830) are five-bay examples of this basic building structure.

ARDBRACCAN NATIONAL SCHOOL
Ardbraccan Demesne
(1856)

The former national school comprises twin lodges flanking the gates of Ardbraccan Church of Ireland Church and graveyard.

*(fig. 54)*
TRIM COMMUNITY COLLEGE
New Dublin Road,
Trim
(1849)

The Tudor Revival style former District Model School, Trim, was designed by Frederick Darley.

A series of District Model Schools were commissioned during the 1840s. The objectives of the Model Schools, which came under the auspices of the Board of National Education in 1831, were the promotion of integrated education, improved methods of literary and scientific education, and the training of teachers. These were substantial stone buildings and architecturally quite different from the other national schools. Trim's District Model School (1849) is now the Community College ***(fig. 54)***. Similar to Frederick Darley's (1798–c. 1873) model school in Athy (1850), County Kildare, it is of an asymmetrical Tudor Revival design, with projecting gabled ends and mullioned windows.

Schools were also established with private funding. Oldcastle's Gilson Endowed School (1823) was funded from a bequest of Laurence Gilson, a native of Oldcastle who had made his fortune in London. The similarity in design to the now substantially demolished Loughcrew House suggests that local landlord, J.L. Naper, may have commissioned Charles Robert

Cockerell (1788–1863) to design the school. The school is neo-Palladian in plan, recalling Ardbraccan House (1776), with a rather austere porch. Expressed in well-cut limestone ashlar, the building consists of a large central house, residence for the headmaster and headmistress, with lower links and single-bay wings in which the schoolrooms were located. In Kells, private funding from Miss Catherine Dempsey, daughter of the agent for Headfort Estate, provided a pair of gable fronted school buildings (1840) linked by a pedimented rounded archway and curtain walls.

Workhouses designed to shelter the poor and destitute were built across Meath in response to the Poor Relief (Ireland) Act, 1838. This Act allowed funds to be dispensed only if the recipients were housed in a workhouse. George Wilkinson (1814–1890) designed the workhouses (1839–1841) at Trim, now Saint Joseph's Hospital, and Dunshaughlin. Most workhouses were built to Wilkinson's standard plans: a simplified and austere Tudor style, with cast-iron diamond paned windows and a small lancet window in the gable end. The buildings included a governor's house, a multiple-bay two-storey building ending in six-bay three-storey blocks with paired gables, and an infirmary or fever ward. The enclosing high wall and the strict segregation of women and men reinforced similarities with prisons. The failure of the potato crops from 1845, which resulted in the Great Famine, filled the already overcrowded workhouses well beyond their capacity.

**AGHER NATIONAL SCHOOL (c. 1879)**

Although Agher House has been demolished, the former national school, steward's house and church, all built by the Winter family, form an engaging group of related structures. The school is a colourful addition to the streetscape, with purple slate roof, red and yellow brick walls, and grey limestone dressings.

**NETTERVILLE (c. 1877)**

The former Netterville Almshouse, designed by George Coppinger Ashlin (1837–1921), is an essay in late Victorian institutional polychromy.

*(fig. 55)*
**OBELISK BRIDGE**
**Oldbridge**
**(c. 1868)**

Obelisk Bridge is an interesting example of late nineteenth-century engineering, with wrought-iron railings to the parapets set in latticed pattern, and limestone terminating piers. The bridge spans the River Boyne at a point near to which an obelisk was erected to commemorate the Battle of the Boyne.

**GATE**
**Wilkinstown**
**(c. 1850)**

This fine metal bar gate set between rubble stone gate piers is a significant example of the vernacular tradition. Other instances of this form are to be found at the entrances to many farms and farmyards throughout Meath and west Dublin.

**GATE**
**Wilkinstown**

Detail of gate.

During the late eighteenth century, architects began to employ iron as a building material, but it was not until the nineteenth century that this became common practice. The Crystal Palace, built in London for the Great Exhibition of 1851, demonstrated the versatility of iron as a construction material, while the fact that it could be moulded made it suitable for the casting of decorative features. The Obelisk Bridge (1869), Oldbridge, is an interesting example of a wrought-iron construction replacing a timber bridge swept away in floods the previous year ***(fig. 55)***. The bridge spans the river Boyne and has wrought-iron latticed girders carried on ashlar limestone piers.

In 1838, the Drogheda Harbour Commissioners decided to erect lights at the mouth of the river Boyne. Three lights were erected but, due to the shifting sands, the structures had to be of a temporary nature. Originally simple timber constructions that could be easily realigned if necessary, iron was incorporated into the framing in later years to make them durable and less prone to rot. At the Drogheda East Lighthouse (c. 1880) the timber framing was abolished entirely and it stands today as a cast-iron lantern set on cast-iron supports ***(fig. 56)***.

The railway was introduced to Meath in 1844 with the opening of the Dublin to Drogheda line that linked up with the Boyne Navigation system. This was followed, from the 1850s to the 1870s, with a network of railway lines across the county. The railway was not only a boon to travellers, but also a means of fast and efficient communication for commerce and industry, linking towns in Meath with the capital and the port of Drogheda. Surviving railway stations display a variety of styles. Some are long low buildings, often clad in painted timber. The station at Laytown (1845–1850) ***(fig. 57)*** exemplifies this style and, along with the modest detached two-storey station master's house (1845–1850) and the pedestrian bridge, forms a significant architectural group. A number of railway hotels like that in Laytown (1845–1855), a tall, three-storey building set back from the road, provided accommodation for travellers ***(fig. 58)***. Often the railway companies built these hotels, but a number of them were developed independently in the locality of the stations. The engineering requirements for the railway also necessitated the construction of viaducts. Laytown's viaduct (c. 1850) was built to carry the railway across the Nanny River; originally timber it was later replaced by a cast-iron structure.

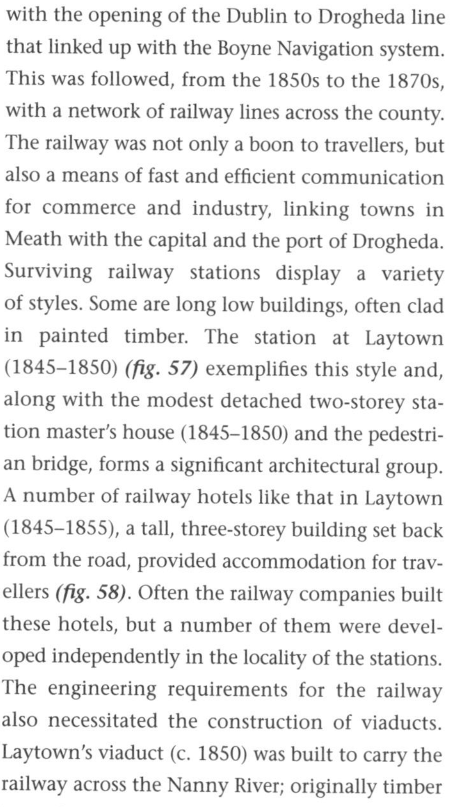

*(fig. 56)*
**DROGHEDA EAST LIGHTHOUSE**
**(c. 1880)**

This lighthouse forms part of a group with the two related local lighthouses. It also forms part of a broader category with other sea safety structures in the area, such as the beacons and former lifeboat house.

*(fig. 57)*
**RAILWAY STATION**
**Laytown**
**(c. 1847)**

The station, along with the pedestrian bridge and the station master's house, forms a significant architectural assembly in Laytown. The station, which is of timber construction, is of particular interest. The timber detailing imitates detailing commonly found on stone railway buildings, with block-and-start surrounds and a string course.

*(fig. 58)*
**ALVERNO HOTEL**
**Laytown**
**(c. 1850)**

This postcard, which dates from c. 1910, shows the staff outside the Alverno Hotel.

*Courtesy of the Irish Architectural Archive.*

**ATHBOY RAILWAY STATION**
**(c.1864)**

Operated by the Midland and Great Western Railway, the line ran from Athboy to Dublin. It opened in 1864 and was officially closed in 1957.

*Courtesy of the National Library of Ireland.*

**BOYNE VIADUCT**
**(c. 1850)**

The multiple-arch railway bridge dramatically complements the adjacent Boyne Aqueduct. The execution of the masonry is a notable feature of the railway bridge, with textural variations created by the ashlar and rock-faced limestone. The upstream and downstream cutwaters create a pleasing symmetry.

The construction of the railway provided fast and reliable communication between towns and cities, and stimulated the development of the Irish postal system. The railway also facilitated the establishment of seaside resorts along the east coast, serving the major urban centres of Dublin and Drogheda. Bettystown and Laytown have a long tradition as seaside holiday resorts, which character is reflected in their lines of fine terraces and houses with bay windows along the coast.

Despite the development of towns and trade, farming remained the predominant means of livelihood in Meath throughout the century. The farming community was hierarchically divided, ranging from the landlord to the cottier, and these divides were reflected in rural housing arrangements. The landlord, positioned at the top of the social pyramid, would have lived in an architecturally designed country mansion, usually with a stable complex, outbuildings, and other structures related to the demesne located on the grounds of the house. The house, like Dunsany Castle of twelfth century origin, would often undergo additions and alterations over the centuries, reflecting the changing tastes and needs of its owners ***(fig. 59)***.

*(fig. 59)*
**DUNSANY CASTLE**
**Dunsany**
**(c. 1780)**

Despite being renovated and extended at several times in the last eight centuries, Dunsany retains much of its medieval fabric. Remodelled in the late eighteenth and mid nineteenth centuries, the castle also shows many features from those periods. The associated demesne structures; stables, outbuildings, gate lodges and estate worker's house, enhance the setting and context of the castle.

**FRONT LODGE**
**Loughcrew Demesne**
**(c. 1830)**

A gate lodge with Doric portico, designed by Charles Robert Cockerell (1788–1863), creates an imposing entrance. The timber sash windows, ashlar masonry and slate roofs are well preserved. Other surviving demesne structures include an Ionic portico, workers' houses, church, stables, a graveyard and gate lodges.

**LOUGHCREW HOUSE**

This view of the house shows severe damage after the fire of 1888. It was built c. 1823 for the Naper family to the designs of Charles Robert Cockerell. The house was subsequently demolished in 1968. The portico has been re-erected and now stands as a folly in the landscape.

*Courtesy of the Irish Architectural Archive.*

**POST OFFICE**
**Dunsany Crossroads**
**(c. 1840)**

Architectural design and detailing are immediately apparent in the form and execution a former post office. The building is part of a group of houses built at this crossroads by the Dunsany Estate in the mid nineteenth century.

**ESTATE MANAGER'S HOUSE**
**Dunsany Castle**
**(c. 1900)**

A group of demesne-related structures in the grounds of Dunsany Castle include this former estate manager's house. Stables, church and gate lodges complete the arrangement.

The larger farmer would have been able to afford a formally designed house. Often with a round-headed central door and two centralised chimneys, such residences were widely built throughout the country. Solidly constructed from durable materials of stone and render, and roofed in slate, many still stand today. Crossdrum House (c. 1800) is a fine example ***(fig. 60)***. The detail of the window surrounds is repeated in the door surround of one of the outbuildings (c. 1825). That the outbuildings reflect the design of the house suggests a concern with planning and æsthetic unlike the purely functional nature of vernacular structures ***(figs. 61–63)***.

*(fig. 60)*
**UPPER CROSSDRUM HOUSE**
**Millbrook**
**(c. 1800)**

Upper Crossdrum House is a fine example of Irish domestic architecture of the time. The detached house retains its form and many original features. The fine doorcase is of particular interest.

*(fig. 61)*
**OUTBUILDINGS**
**Upper Crossdrum,**
**Millbrook**
**(c. 1825)**

The architectural form, materials and detailing of these outbuildings is particularly notable. The inscription of the builder's name on the carriage arch is an unusual feature.

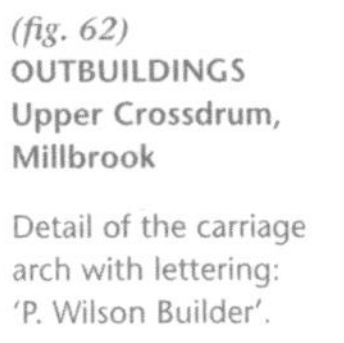

*(fig. 62)*
**OUTBUILDINGS**
**Upper Crossdrum,**
**Millbrook**

Detail of the carriage arch with lettering: 'P. Wilson Builder'.

*(fig. 63)*
**OUTBUILDINGS**
**Upper Crossdrum,**
**Millbrook**

Carriage arch lettering.

*(fig. 64)*
**OUTBUILDINGS**
**Dreminstown**
**(c. 1820)**

These outbuildings make a positive and notable contribution to the setting of the thatched house. The form and proximity of the outbuildings to the main house are representative of the Irish vernacular.

*(fig. 65)*
**COTTAGE**
**Stalleen**

The remains of Stalleen epitomise the nineteenth-century single-storey stone and mud-walled thatched dwelling.

*Courtesy of Tom Byrne.*

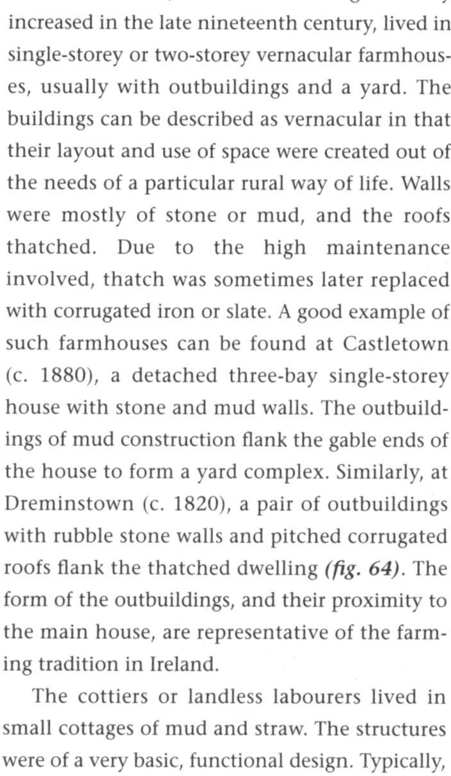

*(fig. 66)*
**COTTAGE**
**Red Mountain**

This small farmer's cottage is one of the few vernacular buildings in the Bend of the Boyne that is still lived in.

*Courtesy of Geraldine Stout.*

Small farmers, whose numbers significantly increased in the late nineteenth century, lived in single-storey or two-storey vernacular farmhouses, usually with outbuildings and a yard. The buildings can be described as vernacular in that their layout and use of space were created out of the needs of a particular rural way of life. Walls were mostly of stone or mud, and the roofs thatched. Due to the high maintenance involved, thatch was sometimes later replaced with corrugated iron or slate. A good example of such farmhouses can be found at Castletown (c. 1880), a detached three-bay single-storey house with stone and mud walls. The outbuildings of mud construction flank the gable ends of the house to form a yard complex. Similarly, at Dreminstown (c. 1820), a pair of outbuildings with rubble stone walls and pitched corrugated roofs flank the thatched dwelling ***(fig. 64)***. The form of the outbuildings, and their proximity to the main house, are representative of the farming tradition in Ireland.

The cottiers or landless labourers lived in small cottages of mud and straw. The structures were of a very basic, functional design. Typically, the hearth was on a direct line with the entrance door, but cut off from it by a windowed partition that kept draughts from the hearth. Once a frequent sight in the countryside — the cottiers made up seventy-six percent of the county's population during the nineteenth century — these cottages were apt to fall rapidly into disrepair and disappear from the landscape. Very few examples can be found in Meath, but some remains can be seen at Stalleen ***(fig. 65)*** and at Red Mountain ***(fig. 66)***.

**KELLS**
**(c. 1900)**

View of Cannon Street at the turn of the century. Note the thatched two-storey buildings to the right-hand side of this Lawrence Collection photograph.

*Courtesy of the National Library of Ireland.*

# The Twentieth Century

The twentieth century saw the War of Independence, the Civil War, two World Wars, continuing economic stagnation and mass emigration. Such events were not conducive to architectural innovation or development, either in County Meath or in Ireland as a whole. From the establishment of the Free State in 1922 until the sudden growth in economic prosperity of the late twentieth century, building activity was mainly confined to improving the poor infrastructure of housing, education and leisure.

The Celtic Revival, a part of the growing movement for Home Rule and independence, was a major influence in the decorative arts and literature. In architecture, however, it confined itself mainly to church building and grave markers. Its buildings drew their inspiration from Irish Romanesque churches, high crosses, and Celtic artefacts. The late eighteenth-century belltower (c. 1780), Slane, with its curious ogee top and tall lancet shaped openings, is an early example ***(figs. 67–68)***. Modelled on the round towers of the early medieval monasteries, it is reputedly the first belltower erected at a Catholic church in the diocese since the Reformation. Celtic Revival motifs (c. 1902) can be seen in the mosaic on the chancel arch in the Gothic Revival Saint Patrick's Roman Catholic Church, Trim. Finely carved Celtic high crosses with intricate interlace and rope moulding, evoking the spirit of a long bygone age, are to be seen at Oldcastle (c. 1895), and many other graveyards throughout the county.

*(fig. 67)*
**SAINT PATRICK'S ROMAN CATHOLIC CHURCH**
**Patrick Street,**
**Slane**
**(c. 1780)**

The scale and form of this belltower, which displays unusual ogee capping, make it a notable feature in the village. The belfry offsets Saint Patrick's Church, and the fine gates and railings to the site.

*(fig. 68)*
**SAINT PATRICK'S ROMAN CATHOLIC CHURCH**
**Patrick Street,**
**Slane**

Detail of cast-iron railings to the front of Saint Patrick's Church, Slane.

**SAINT MARY'S ROMAN CATHOLIC CHURCH**
**Moynalty**
**(c. 1907)**

The solidity of the construction of this belfry is emphasised by the rock-faced limestone base and buttresses. The cast-iron ridge cresting and crosses provide artistic detailing. The belfry, church and parochial house form a cluster of associated Roman Catholic structures in Moynalty.

The Celtic Revival was not the only influence of the time. The Tudor Revival style used by architect Laurence Aloysius McDonnell (d.1925) for the Bank of Ireland (1909), Trim, also became popular ***(figs. 69–70)***. Built in red brick, the bank has heavy mullioned windows with a well-carved doorcase and overdoor in sandstone.

*(fig. 69)*
**BANK OF IRELAND**
**Market Street,**
**Trim**
**(1909)**

The bank of Ireland, designed by Laurence Aloysius McDonnell, shows detailing, architectural form and combination of materials unique in Trim.

*(fig. 70)*
**BANK OF IRELAND**
**Market Street,**
**Trim**

Door knocker on Trim's Bank of Ireland.

The last years of British rule are marked by the fine post office in Kells (c. 1910) with its colourful and imposing façade of red brick and ashlar stone ***(fig. 71)***. An end-of-terrace three-bay two-storey building, it was built by the Board of Works, now the Office of Public Works, responsible for post offices from 1856. On the threshold within the recessed doorway is a mosaic bearing the monogram of King Edward VII (1841–1910) who reigned from 1901 to 1910. After the establishment of the Irish Free State in 1922, red post boxes with their royal insignia were painted green as a symbol of independence. Early examples of postal structures are becoming rare, as they are frequently replaced by modern equivalents. Two post boxes (c. 1905), built into stone walls, can be found at Kells and Bettystown ***(fig. 72)***. The post boxes are made from cast-iron and bear the initials of Edward VII; the interlaced initials on that at Bettystown are particularly fine.

*(fig. 71)*
**KELLS OIFIG AN PHOIST**
**Farrell Street,**
**Kells**
**(c. 1910)**

Kells Post Office, a colourful addition to the streetscape, is representative of architectural design theory at the turn of the twentieth century.

**TELEPHONE BOX**
**Moynalty**
**(c. 1950)**

This concrete model, erected c. 1950 and displaying a moulded concrete cap, glazed panels and a glazed door, forms an important feature in the urban fabric of Moynalty.

*(fig. 72)*
**POST BOX**
**Eastham Road,**
**Bettystown**
**(c. 1905)**

A cast-iron post box forms a modest, though attractive, addition to the streetscape of Bettystown. Its recognisable form and simple detail illustrates the artistic quality of mass production at the time of casting.

**PILLBOX**
**Oldbridge,**
**Slane**
**(c. 1940)**

This is one of a group of eight concrete pillboxes in Oldbridge that were erected along the River Boyne during 'the emergency'.

*Courtesy of*
*Geraldine Stout.*

St. James'
Vocational School
Athboy

*(fig. 73)*
**SCOIL MUIRE**
**Moynalty**
**(c. 1937)**

Modernist influences are evident in the strong horizontality of flat roofs and continuous string course. The school retains many of its original features and materials; timber sash windows, date plaque, concrete shelters and steel gates.

*(fig. 74)*
**SAINT JAMES' VOCATIONAL SCHOOL**
**Athboy**
**(c. 1950)**

Saint James' is representative of the design, materials and construction techniques of the mid twentieth century.

Education was an important priority for the new state. Many new schools were built throughout the county. Standard plans were produced and then adapted for the specific site. Modernist design influences were incorporated, creating what has become almost a vernacular building type. In arrangement they consist of tall, cross ventilated and naturally lit classroom blocks fronted by a flat-roofed corridor for toilets, cloakrooms, and ancillary facilities. The strong horizontality of the corridor at Moynalty's national school (c. 1940) is emphasised by a continuous band running across the building beneath the windows ***(fig. 73)***. It is rendered with pebbledash and painted white. The standard design continued to be used for national schools into the 1950s.

A different approach is demonstrated in Kells Vocational School (c. 1930) and Scoil na gCeard (c. 1935), Trim. Built at the same time as the school at Moynalty, they differ from it in both form and style. Both are two-storey, symmetrical blocks of imposing proportions. But, while the steel windows, intervening rendered panels, and lack of decorative detail give the school at Trim a twentieth-century utilitarian flavour, by contrast the school at Kells retains Classical references, with stripped pediment and pilasters marking the entrance. The later Saint James' vocational school (c. 1950), Athboy, avoids the rather rigid formality of Kells and Trim, and continues the tradition of the single-storey school, with a more pronounced modernist feel to it ***(fig. 74)***. Its long horizontal line is articulated with short bands of windows set between buttresses that sharply divide the façade into a number of clearly defined bays.

Despite the many fine houses that existed throughout the country, the great mass of the population lived in abysmal conditions. Towards the end of the nineteenth century the State, through the local authorities, assumed responsibility for social housing in rural areas. Cottages were built in small groups, each with a small garden allotment of 0.2 hectares. One of a group of four, Donacarney Road, Colp (c. 1930), is a single-storey structure with a small projecting porch ***(fig. 75)***. The unusual tripartite division of two of its three front windows is normally found in more prominent structures. A number of houses in Trim and Kells, built in terraces with simple but effective designs, typify modestly scaled urban housing from the early decades of the century. The now painted brick terrace in Haggard Street (c. 1910), Trim, has a boldly articulated string course detail above the ground floor doors and windows. Houses at Maudlin Street, Kells (c. 1910), have ruled and lined render. Private houses at Summerhill (c. 1930) ***(fig. 76)***, and Slane are typical of housing for the newly emerging middle class; the brick bungalow at Slane is a type found in towns and city suburbs throughout the country.

*(fig. 75)*
**HOUSE**
**Donacarney Road,**
**Colp**
**(c. 1930)**

An intact example of the type of local authority accommodation built throughout Meath during the early twentieth century, this cottage retains many original features including sash windows, timber battened door, and render detailing.

*(fig. 76)*
**HOUSE**
**Summerhill**
**(c. 1930)**

An interesting addition to the predominantly nineteenth-century streetscape of Summerhill, this house retains single and paired timber sash windows, and a flat-roofed entrance porch.

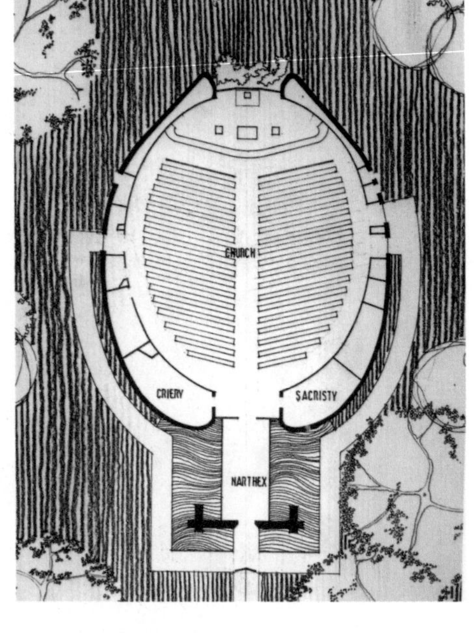


*(fig. 77)*
**CHURCH OF THE SACRED HEART**
**Laytown**
**(c. 1975)**

The late nineteenth-century church that originally occupied this site was destroyed in the 1970s. The gabled elevation of the original church was retained and is incorporated into its replacement.

*(fig. 78)*
**CHURCH OF THE SACRED HEART**
**Laytown**

Plan of church.

*Courtesy of the Irish Architectural Archive.*

Church architecture was reluctant to embrace innovative design and, with a number of exceptions, it was not until the 1970s that original architectural developments were seen. Impressively scaled, austere, churches like Saint Colmcille's Roman Catholic Church (1958), Kells, were built to accommodate large congregations in a difficult economic climate. While embracing new materials and building techniques, they retain the overall plan and form of late nineteenth-century church buildings. Saint Colmcille's echoes the lines of the slightly earlier College Chapel (1956), Gormanston, although its stone front and expanse of car park lend it a more ponderous air.

The international approach to church architecture and planning, however, was transformed following liturgical changes and the recommendations of the Second Vatican Council (1962–5). Architectural projects abroad, most notably the pilgrimage Chapel of Notre Dame at Ronchamp in France (1950–54) by Le Corbusier (1887–1966) influenced a whole new generation of architects. Liam McCormick (1916–1996) designed the innovative Church of the Sacred Heart at Laytown (1975), which incorporates the gable front of the nineteenth-century church that preceded it ***(fig. 77)***. Entered through the pointed opening in the original brick façade, a glazed passage leads to the circular plan building with its white roughcast rendered internal walls ***(fig. 78)***. It shares with Ronchamp a 'floating' roof where a line of daylight can be seen between roof and walls, and the piercing of the walls by apparently randomly placed openings.

*(fig. 79)*
**BALL ALLEY**
**Gormanstown College,**
**Gormanstown**
**(c. 1950)**

A pair of ball alley remains in good condition in Gormanstown College grounds, showing innovative grouping in the arrangement of ball alleys, plant room and water tank.

As well as building for basic requirements, increased leisure time led to the development of new building types such as cinemas, garages, and other facilities. The Gaelic Athletic Association (GAA) was founded in 1884 to encourage the revival of traditional sports. It was a time of growth for organised sport with the codifying of games and the appointment of governing bodies. The growth of popularity of the GAA played its own part in the 'new nationalism' of the early part of the century. The local handball alley played an important role, not only for the game itself, but also as a meeting point for local communities. Many have fallen into disuse and disrepair, but the alley at Drumconrath (c. 1900) is still in good order. At Gormanston College (c. 1950) a pair of alleys remains intact ***(fig. 79)***. Looming over them, an octagonal concrete water tank gives a surrealistic air to this curious structure. Usually rendered, alleys were constructed with one high vertical end wall with flanking sidewalls. As one of the few building types unique to Ireland, they are a generally unrecognised but important part of our architectural heritage.

Another leisure activity that became enormously popular in Ireland, before it was overtaken in the 1960s by the rival attraction of television, was the cinema. While in rural areas films were often shown in local halls, many towns could boast of a purpose-built cinema. In reality, these buildings were seldom little more than a basic rectangular room with a simple modern plastered façade. The former Castle Cinema (c. 1940), Oldcastle, is a good example of this mid-century type. Representative in its modest way of cinema architecture of the period, it does not have the rounded outlines apparent in the former Lyric Cinema, Navan. Its spare cube-like rendered front block has two doorways with a concrete hood above them, over which is a short row of three small windows with a continuous sill lighting the projectionist's booth.

As the number of people driving cars grew from the 1940s, an increasing number of garages were built to sell petrol and service vehicles. Generally quite simple buildings, their modernist æsthetic must have conveyed, at the time, some of the pioneering excitement of this new form of transport. Despite retaining the Classical low-pitched pediment supported by pilasters, Tuites (c. 1940), Cavan Street, Oldcastle, has a modernist feel in its strong horizontality and its clean lines. The Cannon Street garage (c. 1940), Kells, now used as a commercial outlet, is a more substantial two-storey structure with a strong string course below the first floor windows and the stepped gable characteristic of garage building ***(fig. 80)***.

*(fig. 80)*
**GARAGE**
**Cannon Street,**
**Kells**
**(c. 1940)**

Typical of garages of this era in Ireland, this stepped gable-fronted former garage displays a simple and functional design. A well-designed twentieth-century building, it punctuates the predominantly nineteenth-century streetscape.

Public authorities have often been in the forefront of the commissioning of new buildings. Two fire stations built by Meath Council in Nobber (c. 1970) and Oldcastle (c. 1985) reflect a concern to produce buildings of quality even in times of restricted budgets. Simple, functional, and almost domestic in form, the low gable-fronted, building in Nobber has brick facing and boldly articulated windows. At the later Oldcastle fire station, the symmetry has gone and the building is articulated in two parts: a brick faced administrative wing and a recessed pebble-dashed garage for the fire tender.

More recently, Meath County Council started an ambitious project for the development of new area offices throughout the county. The Dunshaughlin civic offices (2001), designed by the Grafton Architects, comprises offices and council meeting chamber. They are described in the citation for an award by the Royal Institute of Architects of Ireland, as employing a 'skilful handling of volume and light [that is] used to leaven robust, almost monastic materials, producing an open expression of democracy and local service.'

# Conclusion

**BRÚ NA BÓINNE VISITOR CENTRE**
**Donore**
**(1997)**

This centre acts as a gateway to the World Heritage Site. It is at a distance to the monuments and maintains the rural character of the Bend of the Boyne.

*Courtesy of Geraldine Stout.*

Recent economic prosperity has given rise to new problems in terms of architectural heritage. With the high demand for new buildings of all types, it is easy to forget our heritage as older structures are demolished to make way for contemporary building. There has, however, been the opportunity to reuse some fine redundant buildings. Mills, churches and cottages have been refurbished. The early nineteenth-century Church of Ireland building at Tara has been sympathetically restored for use as a visitor centre for the Hill of Tara. Traditional crafts, such as thatching, have begun to make a comeback. It is no longer totally unrealistic to hope that some of the railway lines built in the nineteenth century and closed in the twentieth may yet reopen in the years to come to meet the growing demand for a modern transport infrastructure. Many older buildings still can serve a useful purpose in modern day society, and it is encouraging to see the growing awareness of the need to protect and conserve our architectural heritage.

The architecture of the past is the inheritance of the present, and an effort should be made to protect it. Equally, the architecture of today will represent a legacy to future generations. How can we successfully build modern buildings in historic towns and rural areas without destroying aspects of our heritage? This question will always be an issue of controversy. Nevertheless, we can and should seek to protect the fine examples of the built heritage that we have inherited, for they are essential to the fabric of the county.

# Further Reading


Aalen, F.H.A., Whelan, Kevin and Stout, Mathew (eds) ***Atlas of the Irish Rural Landscape***, Cork: Cork University Press, 1997).

Bence-Jones, Mark, ***A Guide to Irish Country Houses*** (London: Constable, 1988).

Casey, Christine and Alistair Rowan, ***North Leinster, The counties of Longford, Louth, Meath and Westmeath*** (Harmondsworth: Penguin Books, 1993).

Connolly, Seán J., Oxford ***Companion to Irish History***, 2nd edn (Oxford: Oxford Architectural Press, 2002).

Craig, Maurice, ***The Architecture of Ireland: From earliest times to 1880*** (Dublin: Lambay Books, 1982, edn. 1997).

Delany, Ruth, 'The Boyne Navigation', in ***Ireland's Inland Waterways*** (Dublin: Appletree Press, 1988), pp.42–123.

Delany, Ruth, ***Ireland's Royal Canal 1789–1992*** (Dublin: Lilliput Press, 1992).

Foster, R.F. (ed), ***Oxford Illustrated History of Ireland*** (Oxford: Oxford University Press, 1989, edn. 1991).

Graham, Brian and Proudfoot, Lindsay (eds) ***An Historical Geography of Ireland*** (London: Academic Press, 1993).

Harbison, Peter, Homan Potterton and Jeanne Sheehy, ***Irish Art and Architecture: from prehistory to the present*** (London: Thames and Hudson, 1978).

Howley, James, ***The Follies and Garden Buildings of Ireland*** (London: Yale University Press, 1993).

Lee, Joseph, ***Modernisation of Irish Society 1848 –1918*** (Dublin: Gill and Macmillan, 1979).

McCullough, Niall and Linda Mulvin, ***Lost Tradition: the nature of architecture in Ireland*** (Dublin: Gandon Editions, 1990).

McParland, Edward, ***Public Architecture in Ireland 1680–1760*** (London: Yale University Press, 2001).

Moore, Michæl (ed), ***Archæological Inventory of County Meath*** (Dublin: The Stationery Office, 1987).

Mulligan, Kevin V., ***Buildings of Meath: A Selection of Protected Structures*** (Kells: The Fieldgate Press, 2001).

O'Keeffe, Peter and Tom Simington, ***Irish Stone Bridges: History and Heritage*** (Dublin: Irish Academic Press, 1991).

Rothery, Seán, ***A Field Guide to The Buildings of Ireland: Illustrating the Smaller Buildings of Town and Countryside*** (Dublin: Lilliput, 1997).

Shaffrey, Sean and Maura Shaffrey, ***Buildings of Irish Towns: Treasures of Everyday Architecture*** (Dublin: O'Brien Press, 1984).

Shaffrey, Sean and Maura Shaffrey, ***Irish Countryside Buildings: Everyday Architecture in Ireland: Everyday Architecture in the Rural Landscape*** (Dublin: O'Brien Press, 1985).

Sheehy, Jeanne, 'Irish church-building: popery, Puginism and the protestant ascendancy', in Chris Brooks and Andrew Saint (eds), ***The Victorian Church: Architecture and Society*** (Manchester, Manchester University Press, 1995), pp.133–150.

Simms, Angret with Katharine Simms, ***Irish Historic Towns Atlas No. 4 Kells*** (Dublin: Royal Irish Academy, 1990).

Stout, Geraldine, ***Newgrange and the Bend of the Boyne*** (Cork: Cork University Press, 2002).

Williams, Jeremy, ***A Companion Guide to Irish Architecture, 1837–1921*** (Dublin: Irish Academic Press, 1995).

# Registration Numbers

*The structures mentioned in the text of this Introduction are listed below. It is possible to find more information on each structure by searching the accompanying 'NIAH CD-ROMs' by the Registration Number. Structures are listed by page number.*

**09** Saint Columba's Churchyard, Kells
*Reg. 14313066*

**10** Dunsany Castle
*Reg. 14403711*

**10** Trim Bridge
*Reg. 14328037*

**10** Kilcarn Bridge, Navan
*Reg. 14402511*

**10** Betaghstown House, The Narrow Ways, Bettystown
*Reg. 14316025*

**12** Lucas Dillon tomb, Parish Church, Newtown Trim
*Not included in survey*

**12** Loughcrew Demesne
*Reg. 14401508*

**14** Stackallan House
*Reg. 14401801*

**15** Arch Hall, Wilkinstown
*Not included in survey*

**16** Ardbraccan House, Ardbraccan Demesne
*Reg. 14402402*

**16** Summerhill House,
*Not included in survey*

**18** Headfort House, Headford Demesne
*Reg. 14401713*

**18** Stone bridge, Headfort Demesne
*Reg. 14401711*

**18** Outbuildings, Hilltown Demesne, Bellewstown
*Reg. 14320015*

**18** Dovecote, Hilltown Demesne, Bellewstown
*Reg. 14320016*

**20** Gibraltar, Larch Hill Demesne, Kilcock
*Reg. 14404906*

**20** The Fox's Earth, Larch Hill Demesne, Kilcock
*Reg. 14404904*

**20** Herbertowns House, Herbertstown Demesne
*Reg. 14403301*

**22** Stables, Headfort Demesne
*Reg. 14401706*

**23** Martry Mill, Donaghmore
*Reg. 14401714*

**23** Market House, Oldcastle
*Reg. 14306001*

**25** Boyne Navigation
*Reg. 14315065*

**25** Slane Mill, Mill Hill, Slane
*Reg. 14315061*

**25** Slane Mill manager's house, Mill Hill, Slane
*Reg. 14315062*

**25** Slane Mill gatelodge, Mill Hill, Slane
*Reg. 14315057*

**25** Slane Mill gateway, Mill Hill, Slane
*Reg. 14315058*

**25** Slane Bridge, Slane
*Reg. 14315063*

**26** Newhaggard flour mill
*Reg. 14403603*

**27** Monknewtown Mill
*Reg. 14401901*

**27** Limekiln, Bridge Farm, Nobber
*Reg. 14302026*

**28** Mahonstown Bridge, Carlanstown
*Reg. 14308021*

**28** Boyne Aqueduct,
*Reg. 14404704*

**28** Royal Canal
*Reg. 14340010*

**29** Milestone, Parsonstown Demesne townland
*Reg. 14401207*

**30** Courthouse, Kells
*Reg. 14313002*

**30** Saint Columba's Church of Ireland Church, Kells
*Reg. 14313066*

**30** Tower of Lloyd
*Reg. 14401601*

**33** Houses, The Square, Slane
*Regs. 14315020, 14315039, 14315044, 14315049*

**33** Curtain walls, The Square, Slane,
*Regs. 14315023, 14315038, 14315041, 14315043, 14315045, 14315048*

**33** Houses, Chapel Street, Slane
*Regs. 14315015–14315018*

**33** Saint Patrick's Church of Ireland Church, Slane
*Reg. 14315027*

**33** Saint Patrick's Roman Catholic Church, Slane
*Reg. 14315004*

**33** Saint Patrick's Roman Catholic Church, Chapel Street, Slane
*Reg. 14315005*

**34** T. Meade, Main Street, Slane
*Reg. 14315033*

**35** Lia Fáil, Castleboy
*Not included in survey*

**36** Saint Mary's Church of Ireland Church, Galtrim
*Reg. 14404305*

**36** Roman Catholic Church of the Assumption, Batterstown
*Reg. 14404401*

**38** Saint Martin's Church, Culmullin
*Reg. 14404308*

**38** Saint Patrick's Roman Catholic Church, Patrick Street, Trim
*Reg. 14328011*

**39** Winter Mausoleum, Agher
*Reg. 14404806*

**39** Church of Ireland Church, Agher
*Reg. 14404805*

**39** Saint Andrew's Roman Catholic Church, Curragha
*Reg. 14403903*

**41** Saint Mary's Roman Catholic Church, Moynalty
*Reg. 14309004*

**41** Saint Mary's Church of Ireland Church, Moynalty
*Reg. 14309027*

**41** Houses, Moynalty
*Reg. 14309013*

**41** Moynalty House, Moynalty
*Reg. 14309008*

**41** Gate and gate piers, Moynalty House
*Reg. 14309010*

**41** Gatelodge, Moynalty House
*Reg. 14309011*

**41** Houses, Navan Gate Street, Trim
*Reg. 14328067–14328069*

**41** Estate cottages, 1–10 Castle Street, Trim
*Reg. 14328036*

**42** Courthouse, Bridge Street, Trim
*Reg. 14328034*

**42** Gaol,
Castle Street, Trim
*Reg. 14328014*

**43** Former National Bank
Headfort Place,
Kells
*Reg. 14313008*

**43** National Irish Bank,
Oliver Plunkett Street,
Oldcastle
*Reg. 14306015*

**43** Bank Manager's House,
Oliver Plunkett Street,
Oldcastle
*Reg. 14306016*

**44** The Medical Hall,
Church Street, Kells
*Reg. 14313067*

**44** A. Crosby,
Farrell Street, Kells
*Reg. 14313086*

**44** Maloney's,
Chapel Street, Slane
*Reg. 14325012*

**46** Former National School
Athboy
*Reg. 14324027*

**46** Former National School,
Crossakeel
*Reg. 14312015*

**46** Ardbraccan School,
Ardbraccan Demesne
*Reg. 14402509*

**46** Trim Community College,
New Dublin Road, Trim
*Reg. 14328020*

**46** Gilson Endowed School,
Oldcastle
*Reg. 14306041*

**47** National School, Agher
*Reg. 14404809*

**47** Former school,
Headfort Place, Kells
*Reg. 14313019*

**47** Former workhouse,
Trim
*Reg. 14328013*

**47** Workhouse, Dunshaughlin
*Reg. 14404404*

**47** Former almshouses,
Netterville
*Reg. 14402006*

**49** Obelisk Bridge,
Oldcastle
*Reg. 14402005*

**49** Gate,
Wilkinstown
*Reg. 14314008*

**50** Drogheda East Lighthouse
*Reg. 14402101*

**50** Railway station, Laytown
*Reg. 14319001*

**50** Station master's house,
Laytown
*Reg. 14319002*

**50** Alverno Railway hotel,
Laytown
*Reg. 14319004*

**50** Laytown viaduct
*Reg. 14402801*

**51** Athboy railway station
*Reg. 14324029*

**52** Boyne viaduct
*Reg. 14404705*

**52** Dunsany Castle
*Reg. 14403711*

**54** Front Lodge,
Loughcrew Demesne
*Reg. 14401506*

**55** Former post office,
Dunsany Crossroads
*Reg. 14403706*

**55** Estate manager's house,
Dunsany Castle
*Reg. 14403714*

**56** Upper Crossdrum House,
Millbrook
*Reg. 14305018*

**56** Outbuildings,
Upper Crossdrum House,
Millbrook
*Reg. 14305019*

**58** Farmhouse,
Castletown
*Reg. 14310006*

**58** Farmhouse,
Dreminstown
*Reg. 14401206*

**58** Cottage, Stalleen
*Reg. 14402013*

**58** Cottage, Red Mountain
*Reg. 14402701*

**60** Saint Patrick's Roman
Catholic Church,
Patrick Street, Trim
*Reg. 14328011*

**60** Oldcastle Cemetery
*Reg. 14306035*

**60** Saint Mary's Roman
Catholic Church,
Moynalty
*Reg. 14309005*

**61** Bank of Ireland,
Market Street, Trim
*Reg. 14328032*

**62** Post office,
Farrell Street, Kells
*Reg. 14313091*

**62** Post box,
Church Street, Kells
*Reg. 14313064*

**62** Post box,
Eastham Road, Bettystown
*Reg. 14316022*

**62** Telephone box, Moynalty
*Reg. 14309012*

**63** Pillbox, Oldbridge
*14402014*

**65** Scoil Muire, Moynalty
*Reg. 14309003*

**65** Vocational School, Kells
*Reg. 14313105*

**65** Scoil na gCeard, Trim
*Reg.14328007*

**65** Saint James' Vocational School,
Athboy
*Reg. 14324023*

**66** House, Donacarney Road, Colp
*Reg. 14317003*

**66** Terrace, Haggard Street, Trim
*Reg. 14328050*

**66** Terrace, Maudlin Street, Kells
*Reg. 14313038*

**66** House, Summerhill
*Reg. 14333013*

**66** House, Main Street Lower, Slane
*Reg. 14315025*

**67** Saint Columcille's Roman
Catholic Church,
Headfort Place, Kells
*Reg. 14313023*

**67** Chapel, Gormanstown College
*Reg. 14322010*

**67** Church of the Sacred Heart,
Laytown
*Reg. 14319011*

**68** Ball alley, Drumconrath
*Reg. 14303013*

**68** Ball alley,
Gormanstown College
*Reg. 14322008*

**69** Castle Cinema,
Oliver Plunkett Street,
Oldcastle
*Reg. 14306013*

**69** Former Lyric Cinema,
Navan
*See Navan Town Survey*

**69** Tuites, Cavan Street, Oldcastle
*Reg. 14306071*

**69** Garage, Cannon Street, Kells
*Reg. 14313119*

**69** Nobber firestation
*Reg. 14302010*

**69** Oldcastle firestation
*Reg. 14306012*

**69** Civic offices, Dunshaughlin
*Reg. 14335001*

**70** Brú na Bóinne
*Reg. 14402015*

**70** Church of Ireland,
Tara
*Not included in survey*

**75** Water pump,
Chapel Street, Slane
*Reg. 14315051*

# Acknowledgements

**The NIAH gratefully acknowledges the assistance of the following in preparation of the Meath County Interim Survey and the Introduction:**

**NIAH**
Survey Controller *Mildred Dunne*
Survey Manager *Erika Sjöberg*
GIS Technician *T. J. O'Meara*
Senior Architect *Willy Cumming*
Support Staff *Jenny Devine, Gareth John, Mark Keogh, Paul McNally, Damian Murphy, Flora O'Mahony, Josephine O'Neill, Brendan Pocock, Marc Ritchie and Jean Wilson.*

**Survey Fieldwork**
Recorders *Architectural Recording and Research (Bronagh Lanigan, Sinead Hughes, Aislinn Collins and Deirdre Kavanagh)*
Field Controller *Jane Wales*

**Introduction**
Writer *Patricia McCarthy, Jenny Devine and Willy Cumming*
Editor *Hugh Maguire, Willy Cumming*
Copy Editor *Eleanor Flegg*
Translator *Aistriúcháin Anoir*
Designed by *Dynamo*
Software Development *Webmedia and Bua Training*
Printed by *Colorprint*

*The NIAH wishes to thank all those who allowed access to their property for the purpose of the Meath County Interim Survey.*

*The NIAH also wishes to acknowledge the generous assistance given by the Irish Architectural Archive, the National Library of Ireland, the Royal Society of Antiquaries of Ireland, Carmel and Martin Naughton, Geraldine Stout and the Photographic Service, Dúchas The Heritage Service.*

**Sources of illustrations**
All photographs were produced for the NIAH by Patrick Donald with the exception of the following:

*Archival images on pages 2, 4, 16, 27, 30, 51 and 59 are the property of the National Library of Ireland and have been reproduced with the Council of Trustees of the National Library of Ireland; the image of Stackallan on page 14 has been reproduced by kind permission of Carmel and Martin Naughton; the archival images on pages 15, 17, 31, 51 and 54 have been reproduced courtesy of the Irish Architectural Archive; the images on pages 5, 6, 7, 8 and 35 are reproduced by Dúchas The Heritage Service and the images on pages 58, 63 and 70 are courtesy of Geraldine Stout.*

Please note that the majority of structures in this survey are privately owned and are therefore not opened to the public.

ISBN: 0755712609

**WATER PUMP**
**Chapel Street,**
**Slane**
**(c. 1870)**

A cast-iron water pump enlivens Slane's streetscape. This functional object is enlivened by a lion's head, while the deeply fluted casting provides artistic detail.